まなざし

鶴見俊輔

藤原書店

〈序にかえて〉
話の好きな姉をもって――「山百合忌」へのメッセージ

時間として考えた時、姉と私との会話ははかることが出来ないほど、長いものでした。話す時間のほとんどは姉の方で、私は聞くことの方が多かったでしょう。ただし、姉の話に論理的に飛躍がある時、あるいは対象の扱い方に甘さがつきまとう時、私は容赦なく口をはさみました。この形は、その後もずっと、姉が亡くなるまで続いたといっていいでしょう。

話し好きの姉が近くにいたことは、私にも少なからず、影響を与えたと思います。戦後まだ早い時期、体調をくずした私が軽井沢で一人療養していた頃、横川の方だったと思いますが、「天狗」と渾名される千里眼のようなことをして占いをする人が居ました。戦後の日本には、民間にこのたぐいの能力を持った人が何人かあらわれました。璽光尊のような新興宗教を開く人もいましたが、そこまで神がかったところまでは行かずに、小さな場所で周りの人たちの願い事を聞き、それを占う人もいました。「天狗」もまた、その中の一人だったと思います。

ちょうど、病気の方も快方に向かっていたので、遠出して「天狗」に話を聞いてもらおうと思い立って、私は横川まで行きました。すでに何人か先客が居ました。依頼者の顔をみて、依頼する事柄をふくめ、少し話を交わしてから占いをするのがどうやら形式になっているようでした。

私の番が回ってきて、しばらく話を交わしたのですが、いきなり「天狗」は、「あなたにはお姉さんがいて、その人はお喋りだね」と言いました。それまでの会話では一切、姉が居ることを出していなかったので、これには驚きました。その時、自分も何か占ってほしい事を持っていたはずなのですが、それが思い出せないくらい、言い当てられた体験は大きいものでした。

私の話し振り、表情の作り方には、みる人がみれば、その後ろに話の好きな姉の姿を見透すことが出来るのでしょう。それだけ姉の話し好きは、私という形を作る上で、大きな影響を与えたのでした。

戦後も姉とは長い時間会話しました。速く物事を理解し、それを使いこなす姉に対し、そこから抜け落ちるものにむしろ私は引かれました。その立場から私は姉の話に何度も異を唱えました。特にアメリカ、そしてアメリカの学者の評価をめぐって、強く姉の意見に反対することがありました。

姉のような優等生ではない分、私の方が人や物を見る眼は確かでした。これは現在でも間違っているとは思いません。

今年も山百合忌（七月三十一日）を開催するにあたっては、藤原良雄社長、黒田杏子さんをはじめとして、心ある方々の力によって助けていただきました。御礼申し上げます。

（二〇一五年七月）

まなざし　目次

Ⅱ

高野長英

曾祖父・安場保和

祖父・後藤新平

まなざし

I

石牟礼道子

石牟礼道子管見

日本の知識人の特徴は記憶の短いことである。これまでに何度も言ったことだが、死ぬまでくりかえしたい。これを言わなくなったら完全なぼけだ。

少年のころ日本の外で暮らしたので、日本の知識人と日本の外の知識人のちがいがくっきりと心に残っている。日本の知識人が世界どこでも知識人というのはおなじものだと考えているのが歯がゆい。

日本に戻ってから日本の歴史をしらべて、私のきらいな日本の知識人の特徴は明治以後に限られることがわかった。明治以前には知識人は今のようなショート・メモリーによって生きてはいない。

石牟礼道子という名前を知ったのは、谷川雁を通してである。一九六〇年の安保闘争よりも前のこと。石牟礼さんの考えかたは当時の日本の知識人候補、新左翼の学生たちの射程を越えていた。このことは、それから四十五年たった今では、かなりの人にとって明らかになった。だが、一九五八年当時にその特質を見極めていた谷川雁は目のきく男だった。日本の知識人としてはもったいない。

石牟礼道子に原稿を頼むと、送ってきたのは「西南役伝説」という文章だった（初出は『思想の科学』一九六二年十二月号）。


「わし共《どま》、西郷戦争ちゅうぞ。十年戦争ともな。一の谷の熊谷さんと敦盛さんの戦《いくさ》は昔話にきいとったが、実地に見たのは西郷戦争が始めてじゃったげな。それからちゅうもん、ひっつけひっつけ、戦があって、日清・日露・満洲事変から、今度《こんだ》の戦争——。西郷戦争は、思えば世の中の展くる始めになったなあ。わしゃ西郷戦争の年、親達が逃げとった山の穴で生まれたげなばい。」

ききがきの主は「ありゃ、士族の衆の同士々々の喧嘩じゃったで」と見通す力を持っていた。

明治十年は、石牟礼道子にとって、そこからその後の日本を見る視点として活用されている。やがて彼女は、気のふれた自分の祖母が昭和の日本とはっきり対峙するありさまを子供のときの記録として復刻する。狂女は昭和の日本に屈する人ではない。気のふれた彼女は、陸の孤島ともいうべき思想上の存在だった。そして彼女をつつむ豊かな水俣の海。石牟礼道子はやがて、この海が窒素工業の災害にまみれてゆく成りゆきに、自分の存在をゆるがすもうひとつの始まりを見出す。

四十五年前に日本のジャーナリズムの外にいた石牟礼道子は、今ではその中の見逃すことのできないひとりの書き手である。だが、彼女は今も日本のジャーナリズムの外にいる。日本の知識人というときにも、この人はその外にはみ出している。それは日本の知識人全体を今日もつつみこんでいる短い記憶の外にいるからだ。

もとの「西南役伝説」に戻ろう。

「あらあらと思うと九十年は夢より早か。どしこ開くる世の中かわからん。下々の知恵が字知るごてなった現ればい。限りのわからん」

老農達の話は、永劫まで語ってもいい尽きせぬ未来へひろがってゆく。

九十年の生涯に老農は時の権力を民話としてとらえる方法を身につけた。ききがきを記す中で、その方法はききてである石牟礼道子の方法として受けつがれる。

対比的な沈黙を示す「士族の末孫」の家柄が同じ村にあった。先代が敗退中の薩軍に、「士族の流れ」という理由でラチされたのである。戦いが終り、諦めた村中が葬式を行っている最中、やせ衰えたその若者が帰りついた。「宮崎に行っていた」事、いつ殺されるかと思うと飯がノドを通らず、囲いの中に入れられた気ばかりしていた事、年老いて鍬をとる合間に、そらマメ、そらマメ、と聞きとれる程には呟き、首をぶるんとふるわせたりしたが、村人の判断では、そらマメというのは、官軍の弾を運ぶ時の噺子であり、それだけが、西郷戦争の実戦に参加したこの村の、唯一人の若者から村人が知り得た謎めいた知識だった。

この民話の中には、その後現在に至る日本の知識人が現れている。（二〇〇四年七月）

私たちの間にいる古代人

この人は、古代から来た人か、と感じる人に、まれに出会う。石牟礼道子は、そういう人だ。

この名前を最初にきいたのは、一九六〇年、谷川雁からだった。彼は私に、中村きい子、森崎和江、石牟礼道子、三人の名前を教えた。そのころ東京の編集者の知らない名前だった。今では、広く知られている名前だが、この三人ともが、現代を抜け出ている筆者である。なかでも石牟礼道子は、古代人として、現代日本に生きている。

そのことは、「あやとりの記」をふくむこの『石牟礼道子全集　第七巻』の読者にわかっていただけると思う。

太古の人がここに立つと、地球は五千年前とそれほどかわらないように見える。人間同士も、それほどかわっていない。

石牟礼の文章を受けいれると、石牟礼の眼で世界を見るから、現代は太古のように見える。

石牟礼のエッセイや論文は、ことごとく、石牟礼の眼で見た劇である。

「あやとりの記」や「椿の海の記」のような同時代の記述は、どうしてできるのか。それは著者が幼いときから年寄りとともに育ったからではないか。戦後六十年の今のように、幼い子が老人と離れればなれに暮らし、さらにまた親と子が離ればなれに暮らすということになると、時代をさかのぼる力はますます日本の現代人から離れてゆくのではないか。

その力がおとろえてゆく傾向は、教育制度をいくらととのえても、学校をいくらつくっても、おぎなうことはできないのではないか。

そのような育ちかたをして古代人となった著者のところに、現代の出来事として水俣病があらわれたとき、この人は、自分の身内から病人が出たということはなく、自分自身がチッソの被害を受けたというのでなくとも、この病気に魂を奪われた。

もし著者が都会で教育を受けた近代人であったとしたら、自分が水俣病の患者ではないのに、患者の運動と一体になるということはむずかしかっただろう。

また事実、水俣病の患者であったら、彼女は、あのように患者にかわって話しつづけ、書きつづけることはできない。

しかし水俣病に自分がおかされていなくとも、近代的知識人でないからこそ、この人は、水俣病によって自分の魂が傷ついた。

石牟礼道子のことを考えると、おなじ時代に別のところでおこったベトナム人とアメリカ合衆国の人びととの戦い、そして今つづいているイラク人とアメリカ合衆国の人びととの戦いのことに考えが及ぶ。

そこでも、共同体のための自死と、それに思い及ばない近代文明の指導的知識人の二つの感じかたの対立である。高等教育を受けた文明人には、共同体の感情が自分自身の中に湧きあがってくる人びとのことが、想像できなくなっており、それは、戦後日本の高度経済成長を通って自我を成長させてきた人にとって、水俣病におそわれた漁民のことを感じられなくなっているのと異種同型である。

今の教育がさらに進んでゆくと、私たち日本人は、進歩に進歩を重ねて、日本の伝統から切りはなされてゆくのではないか。

私は、日本の都会で育った現代日本人である。石牟礼道子の著作を、自分の感情に沿うて読むことからはじめたものではない。自分の言語とは別の言語の流れに入って読み、この著作の日本語が、現代の日本に生きていることに感謝をもった。

ベトナムを攻め、イラクを攻め、中国と敵対しているアメリカ合衆国の人びとが、自分たちの固く信じている近代文明に少し疑いをもってはどうかと、私は思う。これを絶対なものと信じてみずからを「十字軍」と見なす大統領演説を、国をあげて支持しているようではどうか。

プラトンは早くから「国家論」でデモクラシーに疑惑の目を向けているが、おなじような疑惑の目をみずからに向けるところまで、アメリカの大統領ブッシュ二世に教養を高めてほしい。

ブッシュは、ファシズムとしてナチス・ドイツ、ムッソリーニのイタリア、東条の日本を、自分たちの現在のアメリカ合衆国から遠いものに見立てているし、それに現在の日本の首相、内閣、および国会議員の多数は同調しているが、現代史の事実としては、ファシズムはすでにデモクラシーを通った国において育成され、成立しており、その育ちかたは、最大軍事力と最大の富をもつにいたったアメリカのデモクラシーの中で、全体主義として成立している。このみずからの姿を直視することなく、大統領ともども米国民が、世界に対している。

一度デモクラシーを通してファシズムに成長した日本が、アメリカ合衆国に後押しされて二度目のファシズムに進んでゆくのに、私はどう対するか。

それには、欧米からの翻訳語を駆使して日本の人民大衆にデモクラシーを教える明治以来の日本国家の流儀ではむずかしい。

日本の大学は、明治国家のつくった大学で、国家の造った大学として、国家の方針の変化に弱いという特徴を持っている。大学人がデモクラシーとか、平和とか言っても、明治国家成立以前の慣習から汲み上げるところがないと、自分らしい思想が強く根を張ることは、むずかしい。

石牟礼道子の著作は、同時代日本の知識人の著作とはちがったものだ。

この人の文章にはじめて出会ったときに私がおどろいたように、そのおどろきが新しい道をひらいたように、特に、現代日本の中での異質性がきわだっている「あやとりの記」、「椿の海の記」に、たじろがずに向かってほしい。

著者の中に生きるこどものころ。

やさしい女の人の声で、御詠歌が聞こえました。

人のこの世は長くして
変らぬ春とおもえども

こんな御詠歌の声を聴くと、みっちんはいつも、自分がこの世にいることが邪魔でならないような、消えてしまいたいような気持になるのです。雪の中を、白い着物を着て笠を被《かぶ》り、白い布で頬を包んだお遍路さんは、睫毛を伏せ、手甲《てっこう》をつけた片手で鈴鉦《れいしょう》を振りながら、片手で拝み、しばらく御詠歌をうたっていました。一銭銅貨を握って出て、お遍路さんの胸に下げてある頭陀袋《ずだぶくろ》にむけて伸び上がり、片掌《かたて》に片掌をそえてその上にお賽銭を乗せ、待っているあいだ、みっちんは自分のことを、壊れたまんまいつまでもかかっている、谷間の小さな橋のように感じるのでした。

御詠歌とお念仏が終ると、女の人は恭々《うやうや》しくお辞儀をしました。そのとき女の人のうしろに、いまひとりのちっちゃなお遍路さんが見えたのです。

その子は、背丈も躰つきもみっちんとまったく同じくらいな年頃に見えました。かわいい白い手甲脚絆《てっこうきゃはん》をつけ、白い袖無しを着ていましたが、何やらそれに、墨で字が書いてありました。まだ読めないその字を見たとき、半分壊れた橋になっていたみっちんは、なんだか危なくてならない橋の自分が、谷底に墜ちていくような気持になりました。小さなお遍路さんと眸《め》が合ったからかもしれません。その眸は、まだこの世の風を怖がっている仔馬が、母親のお腹の下に隠れてのぞいているように、みっちんを視ました。お賽銭を捧げたまんま、みっちんがべそをかけば、同じようにその子もべそをかきながら、母親遍路の腰にすがり直して、隠れるのです。自分とおない年くらいのその子が着ている白い経帷子《きょうかたびら》の字を、みっちんは、

——はっせんまんのく泣いた子ぉ

と書いてある、というふうに思ったのです。

「ほら早よ、お遍路さんにさしあげんかえ」

母親が後ろから来て、皿に盛った米を、お遍路さんの頭陀袋にさらさらとこぼしました。とてもよい音でした。

「お賽銭な、子ども衆《し》にあげ申《も》せ」

母親はそういってから、お遍路さんを拝んでいいました。

「この寒か冬にまあ、よか行《ぎょう》ば、なさいます。風邪どもひきなはらんようになあ」

お賽銭な子ども衆に、といわれて、みっちんもその子も怯《おび》えた顔になりました。けれどもお賽銭をさしあげるのはみっちんの役目でしたので、足がおない年の子のところに歩いていって、一銭銅貨を渡そうとしたのです。お遍路さんの女の子が、貰うまいとして両手をうしろに隠しました。小さな掌《てのひら》と掌がもつれるように触れ合って、赤い銅貨が雪の上に落ちました。みっちんも泣きたいくらい恥ずかしくて、両手をうしろに隠して後退りました。

ふたりはほとんど一緒に後退りをすると、くるりと向き直り、あっちとこっちに別れて逃げだしたのです。

——天の祭よーい、天の祭よーい。

みっちんは、心の中でそう叫んでいました。恥ずかしくて恥ずかしくて、雪を被った塵箱や電信柱に、助けて、助けてといっしんに頼んでいました。それから、ふと立ち止まってこう思ったのです。

——天の祭さね去《い》っておった魂の半分は、あの子かもしれん。あの子は、もひとりのわたしかもしれん。

そう思ったらどっと悲しくなって、もうおんおん泣きながら、海の方へゆく雪道を走っておりました。そして泣きながら、

――うふふ、あのお賽銭な、蘭の蕾かもしれん。

と思ったりしていたのです。落ちたまんまの赤い銅貨の上に、音もなく、夜の雪が降りはじめていました。

(『石牟礼道子全集　第七巻』「あやとりの記」)

このお賽銭は、母親からもらったものだった。それをおなじ年ごろのこどもにあげるのがはずかしくて、相手のこどもも、もらうのがはずかしくて、お賽銭は二人のあいだに落ちてしまった。手段―目的という有効性の理論からすれば、無効の出来事だ。だが、この文章を読んでいると、人生そのものが無効のことと思える。それにしても、もともと無効のことだから、ここで何をしてもいいではないか、という声が底から湧きあがってくるのでもない。何かほのぼのとした感情。それが、水俣病に出会ったとき、そのもとをつくった会社に立ち向かって退かない力をつくる。

ここには、欧米の科学が日本に国策によって輸入され、国家によって育成されてから、国民のあいだに広く分かちもたれた科学言語と平行して、民衆の生活の中に受けつがれて

きた共同の感情言語がある。石牟礼道子の祖母、祖母を育てた共同体へとさかのぼってゆくと、どこまでさかのぼることができるか。

日本語と日本語文学の歴史は、今の私たちの学問ではわりあいに新しいものと思われているが、ヨーロッパの英語と英文学、フランスと仏文学より古い。英語ではチョーサーの『カンタベリー物語』は、今の英国人がきいてわかるし、フランス語では、中世の物語詩『ローランの歌』は今のフランス人がきいてわかる（らしい）。日本では、『万葉集』の柿本人麻呂の歌は、今の日本国民がきいてわかり、その『万葉集』は『カンタベリー物語』と『ローランの歌』よりも年代は古い。

日本語と日本文学のつながりを通して、私たちは、日本の伝統をとらえる道を新しく見出す。その道を、石牟礼道子は、ひらいた。アメリカに対する敗戦からかんがえはじめるのでなく、明治国家の成立からはじめるのでなく、明治国家成立以前から長くつづいていた言語と感情の歴史から、法律も哲学もとらえなおす道がある。石牟礼道子を読んで、思うのは、そのことだ。

（二〇〇五年三月）

金時鐘

〈対談〉戦後文学と在日文学

金時鐘
鶴見俊輔

「抒情が批評である」

辻井喬の金時鐘論

編集部　本日はお忙しいところを本当にありがとうございます。金時鐘さんの『猪飼野詩集』と『光州詩片』という二、三十年前の作品ですが、いま手に入らない状況になりまして、読者として読むことができない。そういう状況がございまして、何とかこれを、ぜひいま陽の目を見させたいという思いがございます。それで鶴見俊輔さんと金時鐘さんで、いま考えておられることを忌憚なく語り合っていただきたいということで、きょう対談を実現させていただきました。鶴見さん、金さんは、いつ、どういう形で出会われたんですか。

鶴見　いつごろから知っているのかな。

金　直接お目にかかれたのは、一九七四年ごろだったと思います。楽友会館で、上田正昭先生らと「接点の会」という勉強会をやるときに、先生にたまたまお目にかかるようになりました。

鶴見　辻井喬の文章で「鏡としての金時鐘」(『現代詩手帖』二〇〇三年六月号)、これにとても感心したんですね。金時鐘の作品は、日本の一人の詩人が全力を挙げて論を展開した例がないというんです。金時鐘の作品は我が国の近代、現代とその中に自足している詩の世界を告発していることは明らかだから、これにとり組んだ一冊の本がないということは日本の近代、現代詩そのものの欠落を示している、と。すごいことを言うなと思って、感心したんです。辻井喬自身がいろいろなことの中できわめて孤独に、ずっと考えてきたという、やはり日本の社会の中にある一つの孤独が、日本の社会にあるもう一つの孤独を認めさせたという感じがしますね。私には、辻井喬の位置を考え、彼がその位置によって金時鐘の位置をよく見定めたという、このエッセイは大変おもしろいものに思えたんです。

鏡としての金時鐘

辻井 喬

私は金時鐘《キムシジョン》についての評論が意外に少いのを不思議なことと思っていた。おそらくそれは彼の作品が内側に持っている現実への毅然とした拒否の姿勢、自らへの曖昧を許さない厳しさが、我が国の現代詩の風土にとって異質だからだろう。

しかしこれは変だ。同じように異質なボードレールやランボーやT・S・エリオットの作品については算えきれないほどたくさんの訳、解説、分析の書が出版されているのである。

金時鐘の作品について無言にならざるを得ない何かの、しかし多分根本的な欠落が我が国の現代詩の風土にあるのだとすれば、その風土のなかで理解され享受されている西欧の現代詩は、もしかすると趣味の領域へ脱色され、批判精神も歴史意識をも排除されたものとして受取られているのではないか。

金時鐘の詩にはそういったことを考えさせるようなものがある。それは、ある人にとっては恐い要素であり、ある人にとっては自らのいい加減さを映し出す鏡であり、別の人にとっては、これこそ本当の現代の詩だと励まされ、詩への関心を新たにするような何かであるに違いない。

金時鐘が生れた一九二九年に書かれた中野重治の詩「雨の降る品川駅」を、金時鐘は受取るだろうか、あるいは拒否するだろうか、と考えてみると、日本語で書かれた彼の詩がわが国の詩の読者のなかに置かれた時の困難がはっきりしてくるように私は思う。

私の勝手な結論を言えば、金はこの中野の詩を理解し、理解したことによって拒否するのではないか。

私は中野重治の、故国朝鮮へ帰ってゆく仲間に向けたこの詩を読んだ時、感情を素直に表現した、美しい、しかし哀しい詩だと思った。そして私はこの哀しさを拒否するところから現代詩は出発しなければならないのだと思った。これは私の学生時代の経験である。

しかしそれはただ意志的に拒否しようとすれば可能なことだろうか。

小野十三郎はこの問題に即して短歌的抒情の否定ということを言い、その主張は現代詩、特に関西に在住する多くの人々の、詩についての考え方に影響を与えたが、それがどのようにしたら可能かについての、方法論的展開は行わなかった。

金時鐘の作品の集大成である『原野の詩』を読むと、彼の作品にはこの問題についての見事な回答が示されていると思う。

この点について、先年物故した秀れた評論家高野斗志美は彼の「金時鐘論『原野の詩』との対話」のなかで、

「金時鐘の詩には、いつも、決意がある。それは、ぬきさしならぬ場に足をふむ者の決意である。語のコンビネーションが形をあらわすのはそこにおいてだ」

と言い、続けて、

「日本語によって書かれている現代詩に、生きることの意志を問う情熱はほとんど

断たれている、そう言っていい」

と断言し、

「(生きようとする意志が＝註・辻井)発語を求める意志の次元に転換されていくというドラマを期待することはできない」

と言い切っている。同じく評論家松原新一は、

「金時鐘の肉体と意識とが、まさに「在日」という状況の中でのたうちまわっているかのようなこの長篇詩(『新潟』のこと＝註・辻井)の迫力は、私には圧倒的なものであった」

と、その感動を伝えている。こうした文脈にそって松原は、

「分析的な知のいとなみ以前に、金時鐘は「喘息持ちの彼(チェ・ゲバラ＝註・辻井)が追われて耐えた発作の、ささくれた喉ぼとけの鰓《えら》が見たい」という身体的な関係性においてこそ、ゲバラに迫ろうとするのである」

と指摘する。

ここには、詩の表現における写生性について、その根源を問う思想が含まれている

ように私は思う。

なぜか詩における思想性を重要視する主張の多くは、写生、描写ということを、むしろ思想性を弱める表現手法として排除しようとしてきた。

そこには四季派などが、体制への同調を結果として認める書法として自然描写を悪用したことへの反発があったのではないか。周知のように四季派は戦争をも自然の変化という枠組で眺め、人生のはかなさ、哀しさを詠んだのであった。こうしたところから、写生とは、思想的ではない抒情を引出すよすがになるので好ましくない、という考えが生れたのではないだろうか。

明治以後、思想とは進んだ西欧から伝えられた理性の産物であり、感性に立脚する写生は思想とは縁のない表現法のように考えられてきたのではなかったか、もしそうだとするなら、「思想詩」は、

のど赤き玄鳥《つばくらめ》ふたつ屋梁《はり》にゐて足乳根《たらちね》の母は死にたまふなり　（斎藤茂吉『赤光』）

というような、作品が持つ圧倒的なリアリティに抗すべくもないのである。
金時鐘の『光州詩片』の冒頭の詩「風」は、

つぶらな野ねずみの眼をかすめて
磧《かわら》を風が渡る
水辺にじしばりを這いつくばらせ
にがなのうす黄いろい花頭に波うねらせて
早い季節が栄山江のほとりをたわんでいる
こごめた過去の背丈よりも低く
風が　しなう影を返してこもっているのだ

というフレーズで書き出されている。

ここで使われている野ねずみの眼の形容としての「つぶら」は写生であり、佐藤春夫が『殉情詩集』のなかの「少年の日」という作品で使っている、

つぶら瞳の君ゆえに
うれひは青し空よりも

のなかの「つぶら」との距離は考えられないくらいに遠いのである。

作家梁石日は『民衆の底辺から』という金時鐘論で、高村光太郎の「道程」のなかの道を「近代日本の自然性を示していた」とした上で、

「金時鐘の詩はのっけから〈道〉の自然性、擬態を拒絶したところからはじまっている」

として、

「金時鐘にとっての〈道〉とは、『人間の尊厳と／智恵の和が／がっちり組みこまれた／歴史』の意思的な道である。日本の近代化が軍靴で踏みにじってきた道を道と呼ぶべきではないのだ」

と言い切っている。

この主張から浮び上ってくるのは、写生とは対象の自然性に従うことではなく、対象の本質に迫る認識の方法であるという考え方である。どのような対象も必ず歴史的な時間と社会の構造の接点に存在しているのであってみれば、〝自然性〟に従うというのは写生の歪曲であろう。

このように考えてくると、金時鐘の作品は全力をあげて我が国の近代、現代とそのなかに自足している詩の世界を告発していることが明らかになってくる。

たしかに、金時鐘のように、強い内省の叫びを湛えた思想詩を、石牟礼道子の『はにかみの国』（石風社）のような例外をのぞいて現代の詩は創り出せているだろうか。主体を安全な場所へ逃避させておいて（ということは現実社会の矛盾には目をつぶって）、知的操作やレトリックを楽しむ宗匠たちが多過ぎるのではないか。金時鐘が行っている近代、現代に対する、告発とは、そのような具体性を私たちに突付ける、批判の鏡のように私には思われる。

孤独が孤独を知るということですね。それだけの位置を占めているということは、私にも共感できるものなんです。辻井喬がよくそういうことを見定めたということで、彼の実力を感じます。

ことにいろいろなことの真ん中から抜け出して……彼が抜け出してから西武のカタストロフィが起こってくるわけで、あれは、彼の『父の肖像』というのが出るのが三カ月遅れて、カタストロフィが起こってからだったら、週刊誌のスキャンダル・ジャーナリズムと似たものとして受けとられた。彼はよく見定めていて父の伝記を書き上げて、その中で自分の異母弟の位置もしっかり書き出しているでしょう。それを追いかけて、スキャンダルが起こっていますよね。あれはよかったと思います。遅れたら、困った役をになう。大体ジャーナリストは、残念ながらいつも遅れている。遅れないジャーナリストは、天下に少ないと思います。いれば、それは予言者ですよ。カッサンドラみたいに殺されてしまうわけで。そういう意味では、『父の肖像』というのは一種の予言の書ですね。おもしろい本です。

だから、辻井喬が見る力を持っているというのはおもしろいんですよ。辻井喬は、堤康次郎の異腹の息子でしょう。東大を出て、それで、東大の学生運動にいるわけで。

金　一時、共産党に入ったこともありますし。

鶴見　マルクス主義でしょう。そのときに彼が書いているのは、母親の遺品を整理していたら、母親の遺品の中に父親に対する絶縁状が二つ出てきたんだってね。おやじとはもう終わりという手紙をきちんと書いて、それは母親のところにとどめられていた。

彼はやがて学生運動から離れていって、今度はおやじの秘書になってものを見るようになる。それで弟というのはとんでもない人間であることを見る。おやじにくっついている連中がどういう人かわかってくるわけで、そういうところで非常に孤独なんですね。こうして彼の孤独が深まっていく中から、在日朝鮮人の中で、孤独の中でずっと自分の道を歩いていった人を見ている。

フランスで評価されたポー

鶴見　エドガー・アラン・ポーという人物は、飲んだくれで早く死んでしまうし、アメリカの中でそんなに広く認められていた作家ではないんですよ。ことに、英国ではあまり認められなかった。なぜかというと、韻を踏み過ぎるんです。韻を踏み過ぎると、いやしい感じになる。我々の仲間でも、ものすごくダジャレを言う人がいるでしょう。ひっきりなしに。そういう人は、あまり重んじられないですよ。たまにぽつんとダジャレを言うのはきくけれども、一分間に五つも六つも言う人がいるんですよ。これは、何となく重んじられないんですね。エドガー・アラン・ポーは、そうなんですよ。ライミングがものすごいんです。これはいやしい。

私はポーをずっと好きだったんです。佐藤春夫に『田園の憂鬱』というのがあって、『都会の憂鬱』というのがそれに続いていて、ちょうど私が小学校以後放り出されていたときに愛読したんですが、その序詞にポーが引いてあるんです。著者の、佐藤春夫の訳でね。どういうところが引いてあるかというと"I dwelt alone/ In a world of moan,/ And my soul was a stagnant tide,"これに佐藤春夫の訳がついている。「私は、呻吟の世界で／ひとりで住んでいた。／私の霊は澱み腐れた潮であった」。ここから『田園の憂鬱』が始まるんです。

それは私が十四歳のときで、その次に十七歳、大学一年のときに「文学におけるいやしさ（vulgarity in literature）」というエッセイを読んだ。それは今から五十年も前に新進のオールダス・ハックスリーによって書かれたものです。オールダス・ハックスリーはこれをいやしいというんだね。一行に幾つも韻を踏んでいる。だから、英語で育った人間には読むに耐えないわけよ。キーツとか、そういうのと格が違う。

ところが、文学史的にはポーを認めるのはフランスから始まったんですね、ボードレールから。ボードレールは、英語がよくわからないでしょう。だから、いやしいと思わないんだ、ポーの詩を読んでね。「アナベル・リー」というのは、表題の中に二つ韻を踏んでいるじゃないの。「ユーラリウム」とかね。これも英語で育った人間にとっては読むに耐えないんですよ。ところが、ボードレールにとってはおもしろいんですね。それでボードレールの後、ヴァレリーにとってもおもしろいんです。ボードレールとヴァレリーというのは、フランスの詩で言えば本当にトップのトップの人でしょう。ボードレールも飲んだくれなんだけれども、死後三十年たって認められて、評価は動くことないですね。ボードレールもヴァレリーも、位置の定まったフランスの詩人です。この二人が、ポーをいいと思ったんですよ。そのあとで、若いオールダス・ハックスリーがそんなことを書いたっていうこと。アメリカ人にとってボードレールとヴァレリーというのは評価が高いですからね、逆輸入されてくるんです。

金　私は「大鴉」や「アナベル・リー」といった、ポーのよく知られている詩は日本語訳でしか読めませんでしたので、ポーの詩にも頭韻、脚韻といった韻の効用が習慣的に多く踏まれていたとは、思いもよらない指摘です。ユーモアまじりの諧謔のつもりでよくダジャレを言う人が、たしかに物知り顔の人によくいますね。詩にも音韻をととのえようとして美文調のいやらしい詩になってしまう詩が、結構あります。

鶴見　別の国の、別の言語の人がその人の位置をしっかりと認めて、そこから入ってくるということは、世界の文学の中で、ときどきあることです。

「抒情が批評である」――小野十三郎と金時鐘

鶴見　この問題は、金時鐘さんと小野十三郎《とおざぶろう》との関係と似ています。小野十三郎の位置というのは、大阪では別ですが――例えば若き富岡多恵子なんて、小野十三郎によって出てきた人ですね、何人もの人が出てきて、一人の親方であることは確かです――、日本全体を見るときに、あるいはこの百五十年を見るときに、決して小野十三郎というのは詩としても詩論としても高い位置を持っている人ではない。しかし金時鐘さんにとってはものすごく重大な、この人以外にない。

金　そうなってしまっています。

鶴見　韓国人の詩論を含めて、世界の詩論の中でこれだけという人なんですね。金さんの全仕事が小野十三郎の詩および詩論というものを押し出してくる。大変な役割を持っています。

それを考えると、私はポーとボードレール、ヴァレリーとポーという関係にきわめて似たものがここにあるなという感じがするんですね。

金さんの『「在日」のはざまで』という本に書いてあるんですけれども、大阪の古本屋「天牛《てんぎゅう》」で手に入れて、小野十三郎の詩論を読むんですね。「この小野『詩論』の中には、私をつくりあげ、親と子の間をうとましくさせた〝日本語〟とは確実に違う、叡知の日本語が打ち込まれてあります」（『「在日」のはざまで』平凡社ライブラリー、五八頁）と。これは自分の親と子の関係を新しくするだけでなくて、やむを得ず住んでいるこの日本と自分との関係、その出会いの意味を新しくさせて、日本の中の朝鮮を形づくっている「猪飼野」の意味を新しくさせる働きをした。そういう働きを、金さん個人の全詩評の中でほかに果たした人はいないんですね。これはやはりほかの日本の詩人を考えてみてもこれだけ言われている例がないし、小野十三郎の復権というものに結びついていく議論だと思うんです。

「抒情が批評である」――小野十三郎の中にある本当にめずらしいもので、彼が戦争中に働いていた工場と離れてしまって、大阪の葦の野原を見る、あのあたりは本当におもしろいんです。「抒情が批評である」。何かの美しい風景があってそれを美しく読むのが詩であるというのを、引っくり返してしまうんですね。抒情が批評であるというのが、本当に転倒させるだけの力を持っていた一つの視点なんですね。それが小野十三郎においてどういうふうに形成されるかは別の問題ですが、彼の場合はアナーキズム系の詩人としてずっと来て、戦争中に非常に困った状況に来たときに「富士山」という詩を書くでしょう。「はげしく水墨に抗して、噴煙を吐かず」、あの二行はものすごいものですよ。あれが転倒の抒情そのものなので。これが当時の日本全体をひたしている詩に対する逆転の感情そのものですね。富士山というと雲がこうあって靄がかかっているんですが、あれを全部やめ。状況をおそらく見ていたんでしょう。雲がない、空をバックにした富士山そのものがしっかりしたシルエットで出ているのを見て、自分が言葉を使うときにイカが墨を吐くようにごまかさない、はっきり一つの線を引く。それだけという。本当に日本の戦時の詩歌を転倒させるだけの力を持っている一つの感情がそこに芽生えていて、感情そのものが批評であるようなもの。

感情そのものが批評であるような一点に立たなくて、どうしてこの国全体を動かしている思想に対抗することができるのか。マルクスが『資本論』でこう言っていたからというふうでは……。

金　日本ではすぐ、感情は精神主義に収斂されてしまう。

鶴見　対抗できるわけないじゃないの、そんなの。ドイツ語でKapitalというのを資本というなんて、そんなこと力にも何もならないじゃないの。ただ、全国のシンボルである富士山を見て、この富士山は何も衣もまとっていない。雲もまとっていない、はっきりそこに一つの溶岩の塊としてあって、突っ立っているんだ。それをまっすぐに見たらどうなんだ。やはりこれは感情ですよね。そこから全部を転倒させるという。すごいね。だから小野十三郎を見ると、抒情が批評である。

日本文学の中で独特な位置を持つ金時鐘

鶴見　苦しいところに押し込まれた金時鐘という詩人もまた、そこで自分の持っている、沸いてきたある抒情が、転倒のもと、ずっとある頑丈な対抗できる力――やはりそこですね。すごいなと思います。そこまで考えて、続けてそこからくみとっていくというのがすごいので、数ある日本の詩人の中でだれもそのことを成し遂げていないし、数ある世界の詩人と数ある詩論の中で金時鐘さんがそのように小野十三郎の詩と詩論を見たということは、大変なことだと思います。全くかけがえがないんですね。

反戦の拠点の一つになっている『きけ　わだつみのこえ』にしてもこうではない、型どおりの抒情に屈してしまっているというのは、どうも……。抒情が批評であるようなところまで行っているものは……（金時鐘『「在日」のはざまで』六一―六二頁参照）。

金　時勢があったにせよ、わかる形で残しているんですよ。

鶴見　ええ、やはりそれははっきりここで打っている。つまりただ一人そこで立つことを全く恐れないという。やはりすごいな、これは。

そして日本の自然主義の伝統を、石川啄木以来の長い、長い歴史の中である自然主義に対して、はっきりとそれと対していくという、自分の日本語の中での位置を見きわめている。日本の詩は、自然主義というのはフランスのゾラの自然主義からインスピレーションを受けていながら、ゆがめていくという問題は、非常に早く柳田国男が自然主義批評を出すんですが、それもあり、また非常に早く死んでしまった石川啄木にもはっきり実作によって日本の自然主義と対立するということはありますけれども、しかしここでは非常に遅れて、自然主義そのものの残りがずっとあって『きけ　わだつみのこえ』にさえ残っているものに対して、巻き込まれないという別のポジションを、日本の中の左翼的な流れの中で金時鐘が示しているという、そこですね。

金さんは、日本文学、日本語で書かれた文学の中で独特の位置をそこで持っている。それを、全く違う大学生の運動、東大生の運動から、マルクス主義の運動から、今度は父の秘書としての経済活動があり、自分で一つの経済活動を主宰した、そしてそれから離脱した辻井喬がそれを見ぬく目を持っていたというのは、私はびっくりしますね。

金　ありがとうございます。三十年も、二十年も前の古い詩集のことで鶴見先生とじかにお話ができること、恐れるように恐縮していますし感動しています。

ポーの評価がフランスで確かなものになって、それがアメリカに逆輸入されてアメリカで作家としての地位を確立したと先生がおっしゃったことが、自分の日本語の問題とちょっと重なるところかなと思ったりします。先生がおっしゃったように、ポーはイギリス系アメリカ人でしたので英語はまあ母国語並みの言語だったのでしょうけど、それでも新天地のアメリカの英語とは異質のもともとの言葉、つまりアメリカ人としては古い英語の所有者だったんだと思います。それだけに飾りたい欲望が働いて、つまりご自分の英語の正統性をにじませたくて、やたらとライミングをひびかせたのではないでしょうか。ボードレールには英語は外国語でしたから、英語の質はなおのこと見分けられなかったのかもしれません。それよりもポーの作品のもつ奇抜さとでもいいましょうか、通常のイマジネーションでは描きだせない内容の転回に着目して評価していたのでしょうね。そのことが目新しい衝撃ともなってアメリカでの再評価につながったのだと、僕も思います。僕が日本で再評価を受けているわけではございませんが、先生のおっしゃっていることは、そういう角度で深く見てくださっているんだなと気を強くしているところです。

言葉は移民によってもたらされる

朝鮮戦争期の猪飼野

金　僕が日本に来たことは、やむを得ないことがあって宝くじに当たるような確率で来たんですが、恨みがましい日本でありながら、日本に来て小野十三郎の詩論に出会ったことで、自分の詩というものをまるっきり引っくり返した形で詩を考えられたことが非常に幸いでした。これはうちの国の場合、特に韓国が顕著ですが、詩の評価、いい詩というのは、抒情的だという褒め言葉になります。とても抒情的だというんですね。小野さんが「抒情は批評だ」とおっしゃったんですが、どういうのが抒情なのかに関する考察は、韓国にも随分優れた現代詩人たちがいらっしゃいますけど、一般的な意味では抒情に対する考察がとりたててないんですね。つまり情感と抒情とは全く同次元で同一のものなんです。詩は情感が絆《ほだ》すものだと、不文律の定義のように思われている。抒情が批評だというのは、あらゆることから批評を取り払ってしまうのが主情的な情感ですので、その批評をもたない抒情こそ批評の対象であらねばならない、ということを小野先生はおっしゃったと僕は受けとっております。

抒情詩というのは、自然礼賛を基底に据えている心的秩序です。自然を大事にするとか、愛《め》でるということがそのまま自分の心情の豊かさだとか、美しい心を持っているというふうに思いこんでいる。すなわち自己の心情の投影がその人たちの〝自然〟なわけです。自然とは賛美の対象ではなくてそこで生きることを意味するものだと僕は思っています。自然が美しく、優しく情感的なものであるというのだったら、豪雪地帯に生きている人たちの雪はものすごく困難をきわめるものでありましょうし、一年の半分を氷に閉ざされて生活しているイヌイットの人たちにとっては、自然はないも当然ですね。

僕は日本に来てずっと、大阪生野区の同胞が集落を成している猪飼野周辺で生きてきました。うちの同胞というのはどこかあっけらかんとしていて、苦労を苦労と思わないところがあります。食うものさえあればいいいんだとばかりに、誰彼なしに振舞っている人たちでもあります。会えば「ごはん食べたか?」と聞く。それが日常のあいさつともなっている。特に僕みたいに日本に来てすぐ組織の活動家になりますと、より頻繁に言われたものです。「御飯食べたか、食べていけ」と。本当にありがたいあいさつだったし、身にしみる施しだった。いつもひもじい僕でしたから。

そういう猪飼野の同胞の中におることで僕は活動ができたわけですが、その中でも同胞間の軋轢、相克というのはもう尋常なものではなかったですね。それを一番決定的にさせたのは、朝鮮戦争でした。朝鮮戦争期、猪飼野というところに平野運河というものがあって、あのへりに戦前からろくろ工場とか、零細な金属工場がずっと軒を連ねているんですよ。そのろくろ工場はずっと小松製作所あたりから下りてくる親子爆弾の信管のピンやねじを、下請けの下請けで切っていた。朝鮮戦争期、運河に戦前から投げ込まれてあった鉄片をどぶ川に胸まで浸かってすくって……朝鮮戦争期は鉄偏景気といわれまして、それが軍需産業に買いとられていって殺傷兵器に変わっていく。朝鮮戦争というのは実質的にはアメリカと北朝鮮の戦争で、日本を足場にして朝鮮戦争が戦われたわけですね。ベトナム戦争の何倍もの被害が在日同胞の手も加わって引き起こされたのです。

当時の在日朝鮮人運動の組織活動というのは、兵器製造にかかわって同胞を殺すことに手を貸すような仕事をやめさせることも、大きな任務だったわけですね。僕は文化関係の、関西地区の責任者的な仕事をやっておりましたが、同胞たちにそういう兵器産業、爆弾、ねじピンを切っている同胞たちの仕事をやめさせる、説得する役割を担わされていました。工場といっても長屋の下を打ち抜いて、枠を組んでベルトを半馬力……一馬力の半分の馬力でベルトを回してまして、そこにろくろ、といっても御存じないでしょうが、前近代的な小さい心棒を輪っかで締めまして、これをバイトで切ってねじにするんですが、そういう零細な工場に説得に入るわけです。東大阪界隈の同胞の多くがそのような仕事にかかわっていましたが、やめるわけにいかないわけですね。かろうじてそれが食い扶持だったわけですからね。何度かの説得に行きづまったら、僕は表へ出て首を振ります。その工場は即座に壊滅するんですよ。祖国防衛隊の青年たちによってものの四、五分で。表に待たせておいた三輪トラックで、工場の枠組みにロープをかけて走ったら工場などひとたまりもなくこわれてしまう。

あれからもう六十年近くがたちますけれども、忘れられないのは同族の運動体に工場をつぶされた工場主や年寄りたちが、路地にへたりこんで「朝鮮やめやあ」と叫んでいたんですね。僕は、日本に来て、身寄りひとりいない者が同胞の集落に居ついて、同胞たちによって飯を食わしてもらっていながら、食わしてもらっている同胞たちの仕事をつぶすための仕事もやっていたわけです。朝鮮戦争は在日同胞にとっても、同族間の反目を決定的に深めた戦争でもありました。零細な家内工業が兵器産業の末端でかかわっているといったところで、仕事そのものとしてはピンを切ったりねじを切ったりしていることなので、それが殺傷兵器の部品だという実感がないんですよ。信管のねじといっても、ほんの細いピンですからね。それが僕たちの目のつかんところで集められて組み立てられて、親子爆弾みたいな殺傷兵器になっていくわけですね。その同胞たちに飯を食わしてもらっていながら、食わしてくれている人たちの仕事をつぶさなければならない活動を朝鮮戦争期の在日朝鮮人運動としてやっていた。

その中で、とくと、民族とか民族心とか、愛国心とか、組織運動とかということが単一に明文化されるものではないということをいたく知ったわけですね。日本からジェット戦闘機一機飛びたちますと、何百名の同胞がやられますからね。ナパーム弾……爆弾で一番廉価にできるのがナパーム弾、樹脂爆弾だそうですけれども、それも日本でつくられたんですね。ドラム缶みたいなやつを落とされる。親子爆弾も日本で組み立てられたもので、それが今のアフガンとかイラクでもクラスター爆弾に改良されて使われているわけですけれども。つまり国を思う心にも、国のために動くことにも、同族のための仕事をするにも、明文化されることでないものの方がむしろ多いということをいたく知ったわけですよ。

ですから抒情という心情作用についても、詩の情感的効用の面からのみ論じることはできない。同じ組織活動をする人たちの中でも、先輩格の人が多かったんですが、それは『マル・エン全集』をみんな持っておったり、口を開けば唯物弁証法についてとうとうと引用ができるような人たちがいっぱいおりましたが、組織活動家としては目を見張るばかりの人たちなのに、実生活となると李朝残影もいいところなんです。父権主義そのまま、家に帰りましたらね。または活動の合間に食事でもしたり飲んだら、歌を……うちの同胞はみんな歌が好きなんですが、歌うとなったらみんな植民統治下で歌われた亡国の纏綿《てんめん》とした感傷の流行歌なんですよね、朝鮮語で歌われるところがミソではあるのですが。それを思い入れたっぷり歌うんですよ。表では革命歌を歌いながら、自分たちで集まったら纏綿と、植民統治下で歌われた亡国のもの寂しげな流行歌を歌うんですよね。だから知識はいくら得ても、その知識を浸している羊水のような感性、その感性を機能させている抒情は、容易には変わるものでないということ。これまた同族間の生活の実情を通してわかったわけです。

親しい関係と思われるものにむしろ切れねばならないものがあり、関係ないと思われているものにむしろ関係をつくりださねばならないものがあるんだということも小野さんの詩論から知りまして、いかに先進的な、革命的なことを言っても、心情の質は旧態依然で、意識の底辺は滞ったままだと。つまり僕たちは親しいと思われているものにこそ、むしろ切れていなければならないことがあるんだと、それが自分の抒情の変革なのだと考えるようになりました。

「切れてつながる」

金　僕は一九五九年から執筆停止をくらいまして、一切の表現行為から丸十年余り逼塞しました。一九七〇年になって、十年余りも原稿のまま置いてあった長編詩『新潟』を所属機関に計らずに出版することで組織の規制の一切をかなぐり捨てて朝鮮総連を離れました。鶴見先生からお褒めにあずかった『猪飼野詩集』も総連から離れることで——それはそのまま北共和国からも隔たっていくことを意味しますが——、編むことができた詩集です。それ以後書いたものを集成詩集という形で出してくれる出版社がありまして、八六年に『原野の詩』という一冊の本になりましたが、それが随分高い本でして六五〇〇円です。その本が出たとき、在日同胞組織の常任活動をしていたときからお世話になっている生野のオッチャンや、兄貴格の人たち、今でも会ったら「飯食ったか」とお定まりのあいさつをくれる人たちがまだおりまして、あの人たちには五十年も前の僕が今もそのままの記憶で残っているんですよね。その人たちが、二百部まとめて買ってくれたんですよ。六五〇〇円のあの詩集をです。

買い取りの世話役をしてくれた協同組合の理事長が「おまえ一遍来いや。みんなでおまえの祝いをすると言っているから」と言われて、大きな会場でお祝いしていただきましてね。それでみんなが「難しゅうてワシらにはさっぱりわからん。わかるのは後ろの年譜ぐらいや。おまえのことやからええこと書いているやろとはみんな思っとるんやが、も少しワシらにもわかるもん書いてくれや!」と言っては笑い合っていました。そのときも御多分にもれず歌が出たりするんですね。日帝下ではやった歌、早くから感情移入して歌ってきた歌ですね、一人が歌い出すと合唱になったりするんですよ。歌い終わって、感じ入ったように「ええ文句や。おまえもこんなの書いてくれや」と注文する。「涙に潤んだ豆満江」とか、植民地時代、それこそ目もうるまんばかりに唄われたオッチャンたちの、青春時代の歌なんですよね。

僕は「何とか努力します」と笑い返しますけど、内心ではこのオッチャンたちの希望に沿うことはまずあり得ない。僕はこの老い先短いオッチャンたちのやるかたない情感的な要求にむしろ心して隔たっていなくてはならない。このオッチャンたちが買ってくれた詩集が子供の子供にまで引き継がれたとき、きっとオジイチャンたちのあの纏綿とした悲愁の情感とはまた別の、乾いた悲愁に行き当たってくれるかもしれない。その可能性を信じるのです。オッチャンたちの期待からはそうして切れてつながっているのだ、と僕はずっと思っている。物ごとが改まっていくためには、そうです。最も近しい関係であるほど切れていなければならないものがあるのです。それを見定めるのが僕の詩でもあります。

だから僕は日本に来て小野詩論に出会って、小野先生の詩業を介してわかってきたのは、やはり「切れてつながる」ということの方法的力学とでも言いましょうか。つまり情感的にだけはつながらない、という自己規制です。そのせいでもありましょうか。先生のおっしゃった話を聞きながら、「孤独は孤独を知る」といって辻井さんの論考を評価してくださっていましたが、僕も在日同胞とつながる仕事の中でずっと生きてきましたけど、いうところの大衆の中で生きるというあれですが、それでもやはり孤独といえば孤独でした。

自分の国についても特に北朝鮮のありようが、大事な国であればあるほど、見すごせない思いがつよく働いて、いやおうもなく在日同胞の運動体から孤絶をしいられるばかりでした。

「在日を生きる」と言い出したのも、四、五十年前から僕が言い出したことですけれども、今はほとんど慣用句まがいに行き渡っていまして。今の若い世代のほうが、僕とは割と距離が近いですね。年輩者たちの心情的な、纏綿としたものと切れていたことが若い世代たちとつながり得るある目安を持てたのかなと思ったりもします。それでも「ワシらにもわかるものを書いてくれや」といわれるのは、本当につらい。

文化はどれも移民の言葉

鶴見 初めから裂け目があるというところが、金時鐘さんの日本語で書かれた散文の特徴なんですね。この『「在日」のはざまで』の頭に「クレメンタインの歌」が出てきますが、その次の文章の「私の出会った人々」の中に、戦争が終わってかなりたって、岩場で急に口から出てくる言葉が「クレメンタインの歌」なんですね。これは日本の脈絡の中で言うと山登りの歌なんですよ。西堀栄三郎が山登りの、自然に出てきた「雪よ、岩よ……おれたちゃ街には住めないからに」というやつなんですよ。これは朝鮮語では全く別なんですね。

金　一人娘に見放された父親の……。

鶴見　「おお愛よ、愛よ、わがいとしのクレメンタインよ、老いた父ひとりにしておまえは本当に去ったのか」。それに託していく言葉は、言語で言えば重層的なんですね。これはまず英語であって、それが日本語に訳され、恐らく日本語として朝鮮語に訳され、というふうな三重になって。メロディは同じでね。それが口ずさまれていくんです。だから、これはもともと朝鮮語で自分の心情を託した歌というのと違うんですね。そこに、私は人間的なものがあると思うんですよ。

つまり言葉というのは結局、もともと移民の言葉なんですよ。文化はどれも、必ず移民の言葉。つまりこちらに連れられたり、こちらに連れられたり、そこで生きているわけで。実際移民の文化以外に人間は持っていないんですよ。ここの中には、三重ですから、単純な国粋主義から言えば朝鮮人の心情を朝鮮の純粋な言葉に託して、朝鮮のメロディによって歌うのが本当の愛国主義だと。そんなことを言ったら、人間には文化なんかないんですよ。だからここの中に、襞の中にたたまれた自分の心情が託されていくという、これは全く自発的なもので、ここから始まりなんですね。三・一運動で弾圧されて、日本の植民地下でやってきた――この襞にたたまれたものが全部、この三重の外国語に翻訳された、その中にたたまれているんだと。そこから自分は出発したんだという、このエッセイ集全体の序詞に「クレメンタインの歌」が置かれているというのが全く重大な、独創的なもの。

つまりこれは、よく掘っていけば必ずあるんですよ。ヴァージニア・ハミルトンという黒人の作家が『偉大なるM・C』という少年の物語を書いているんだけれども、あの中でその少年が、自分ではわからないアフリカの言葉をずっと言うんだけど、全然意味がわからないんですよ。アフリカのどの部族から来たかも知らない。とにかく、出てくる。その同じような体験が、ハミルトンにあったというんですよ、直接に話すとね。あったから、あれを入れたんですね。だからものすごくたくさんの黒人がアメリカにアフリカから連れてこられて、子供の子供の子供だけど、わずかに断片で何だかわからない、呪文のような言葉が残されて、それが力を与えるんですね。またリズムがあって、それが三百年たって、ジャズが吹き出てくる。

金　芽を吹くんですね。

鶴見　あの不思議な働き、それが人間の文化ですよ。だから、純粋な国語というのは少し変なんですよね。純粋な国語の起源というものが、もともと違うものなんです。

金　先生の「言葉は移民によってもたらされる」ということを聞いて、かなり僕もすっきりした気がします。「クレメンタインの歌」は自分の心情の一番奥の歌のようなものでして、解放になってみると朝鮮の歌ではなくてアメリカの歌だと聞いて、僕は少なからずがっかりもしたんですけれどね、自分に言い聞かせて、それが僕は父からもらった歌だと思ってきたけれども。

鶴見　それが人類史であって、人類の文化というのはそういうものなんでしょう。

父親と自分をつなぐ「クレメンタインの歌」

鶴見　だからここのところを読むと――「敗れた日本からも置いてけぼりをくった感じの私が」――つまり敗れた日まで皇国臣民、皇国少年なんですから、――「十日くらいもたった夜更けの突堤の突端で、ふっとなにげなく口を衝いてでた歌が、父がいつも岩場で私のために口ずさんでくれていた朝鮮の歌なのです。……それは朝鮮の歌詞で唄われる、『クレメンタインの歌』です」（『「在日」のはざまで』三四頁）。

それで、「このような父の思いの一端を知るのに、私は十七年もかかりました。……私は父と母の墓所のありかを知りません。父は死ぬ間際までも、『絶対に帰ってくるな、老いた者が先に死ぬのは世の常だ、日本で生きろ』と」（同上書、三六―七頁）。全くの孤独で、知らないところで生きて死ぬのがいいんだ。それが文化の継承なんだと。それで自分たちの思いが伝わっていくんだと。このあたりは、孤独の中の伝承――力のある伝承は、孤独の中であると。それは、人間自身なんだと。文化の、まっとうな道なんですね。そこのあたりが、わずかこの百五十年前に政権をとった、わずかこの一、二年前に政権を握ったトップにいる人間が、強制できるものではないんですよ。

これに対して、今の思いですぐに反逆して引っくり返せるというものでもない。もっと底の底にある、沸いてくるものは、しかもそれは全くよくわからない。少なくともこの国の文化は超えているものです。だからハミルトンの、もう死んでしまったけれども彼女の書いた五つ、六つの少年物語も同じところですね。恐らくジャズもそのものでしょう。それが自分たちの文化なんだという、その問題に指を当てていると思うんですね。私にとっては、本当に……。クレメンタインが父親と自分の間まで差し込んでくる何か、そこの場所を出しているのは単純な国粋主義や愛国主義とは違うんですよね。私はこれはすごい本だと、もう「クレメンタインの歌」というのは大変なものだと思いますね。

金 「クレメンタインの歌」は先生の推奨があって、日本の『日本の名随筆 昭和』に入れてくださっているんですよ。

鶴見　いや、全く違う脈絡のなかで生きるのが人間の文化なんですね。だからハミルトンなんて、死ぬまで自分が引用したアフリカ起源の呪文みたいなものの意味を知らないんですよ。知らないと言っていた。そして父親と自分との間をこの「クレメンタインの歌」を仲立ちとして知るということは、朝鮮人としての自分の発見、それが孤独の場なんですね。私は、思想の力というのは、そういう、何か軍団の力というものとちょっと違うんですよ。そのことをわかっている人は少ないし、言葉で食っている人でも少ないんですね。これは大変におもしろいと思いましたね。朝鮮人としての自分の発見は、「クレメンタインの歌」を岩場の突堤でふと歌い出したときに、それのきっかけで現れる。そういう、自分の発見の情景そのものがここで描き出されているというのが、本当にすばらしい文学だと思いましたね。そのとき、金時鐘は詩人でも何でもないわけなんですよね。詩人でも何でもないわけが、そのときに「批評としての抒情」に目覚める。その発生の場面は詩人でも何でもない人間が詩人へと歩み出す、その元なんですね。

戦争中も自分を貫いた淡谷のり子

鶴見　それからもう一つ。金さんが学校の遠足で犬を見るんですね。犬が紐をくくられたままさまよっているのを見て、うちに戻ってきてからも気になって仕方がない。犬が大きくなるに連れて、あの紐がしまったままだったらどうしようと思って眠れなくなってきたということを、小学校の友達にしゃべっているんですね。そうすると、そのころの自分の日本名で呼ぶんですね。「光原《みつはら》！　それが詩なんだ！　おまえの詩はそれなんだ」と。小学校五年のときですね。手を握った。つまり、そういうものが詩なんですね。そういうことを、その同じ五年生の友達が直感的にわかったんですよ。詩はそういうものだ。それは、抒情なんですね。人生の総体に対してこれという、抒情で、批評でもあるわけ。そこから金時鐘の詩が始まるというところがおもしろいので、詩人は詩人として生まれるのではない。つくられたものができたときに詩人になるのではない。詩に向かって動く抒情のうずき、それがあるとき、それが人を詩人とする。だから自然の抒情と、言葉を見事に組み合わせたときに人に対して訴えることができる形を持った詩と、この二つ、どちらが根源的かといえば、批評でもあるような感情が沸いたとき、それが詩人の始まりだと。

随分前に、私はインド人の言葉でこういうのにぶつかったんですが、「芸術家という特別の階級があるわけではない、一人一人の人間が特別の芸術家なんだ」。アナンダ・クムラスワミなんですが、やはりヒンズー教の中にある直観なんでしょうね。だから、どちらかといえば一人一人の人間が特別の詩人なんだ。一人一人の人間が感情というものを持っているわけで、普通の教育を受けていない、才能に恵まれていないたくさんの人間が、マスとしての感情をばんと押しつけられて、それと同じものを分かち持っているわけではなくて、自分の中で沸いてくるある感情を持っている特別の詩人なんだという考え方ですね。そのクムラスワミの言葉と響き合うものを私は感じましたね。詩とは何かという問題ですね。

金　いま先生が引用してくださった子犬の紐、渋柿の汁でしごいて、海の水にも溶けないようにつくってある丈夫な紐なんです。それで首輪をされている子犬でした。金容燮《きんようせつ》という少年時代の一番近しい友人でしたけれども、彼が「これがおまえの詩なんだ」と。彼は生理的に詩を知っている友人だったのかな。

僕は、あのときよく日本の流行歌がはやった時期でしてね。中学校に行っても淡谷のり子が歌った「雨のブルース」というのが大好きでしてね。特に歌詞が気に入っていました。詩とはそんなものだと思っていたんですね。

鶴見　淡谷のり子というのは、自分の感情の中に批評を持っている人なんですよ。あれは、ものすごい人ですよ。生涯貫いたし。

金　そうですよね。もう存在することが詩である人ですね。

鶴見　戦争中、ちゃんと生き抜いたんだ。

金　ドレスも脱がなかったそうだし。容燮君とはよく言い争っていた友人でしたが、その彼にそのように言われたことで、日本が戦争に負けて、朝鮮人に立ち返ってみると、自分の詩はそのとき芽生えたんだなあと、改めて思ったりもします。

その金容燮君は勉強がよくできましたので、僕は四・三事件でこちらに逃げてきてしまいましたけれども、人づてに聞いたことですが彼は高麗大学か何かに入ったけれども大学をやめて、済州島に戻って港湾でチゲ（背負い子）で担ぎ屋をしながら辻説法をやって行方不明になってしまったというんです。彼は、朝鮮戦争のあとも李承晩というブルボン王朝と言われた暗愚な時世でしたし、李承晩が追放されたら朴正熙の軍事政権に入っていきますのでね。ああいう中では金容燮はなおさら生きられなかったと思いますね。それでもそういう体制側に与せずに、港で背負い子をしょって、荷物運びをやりながら辻説法をし、詩を朗読しているということを何度も伝え聞きましてね。それで飯が食えるはずなどありませんよね。まこと僕にはかけがえのない、根のところで本当に開かれている先覚者のような気がします。

その彼に、「おまえの詩は……」といわれて、後からどのように敷衍することなのかなとずっと考えてきていることですけれど、それはやはり犬という、物言わぬものへの痛みとか、物言わぬもの、物言えぬものの側に立ち通す、その思いに通わすということの、何か啓示のような指摘だったと思っています。

鶴見　そう、すごい直観ですね。それが詩だという。

あの戦争の時代というのは十五年続くんですが、ちゃんと貫いてとにかく生きた人というのは、とても難しいんですがいることはいるんですね。淡谷のり子というのは、そういう人ですよ。ほかに言うと、山下清がそうです。

金　あの、絵かきのですか。

鶴見　知恵おくれの。学校にいたくなくてずっと放浪に行っちゃって、いつでも平気なんですね。だから山下清、淡谷のり子、そういう人は偉大な人ですよ。

金　おもしろいな、先生らしいな。

鶴見　だから批評としての抒情があるから、ずっと通ってしまうんですね。中国大陸なんて日本軍に痛めつけられて、どれだけそういう人がいたかわからないですよ。だから「支那事変後方記録・上海」（三木茂撮影・亀井文夫編集、一九三八年）とか「戦ふ兵隊」（亀井文夫監督、一九三九年）を見ると……日本のドキュメンタリーとアメリカのドキュメンタリーを一緒に、三日間山形でやったことがあるんですよ。マーク・ノーネスというアメリカの批評家がずっと見渡して、一番は亀井文夫だと。それは「戦ふ兵隊」、「上海」。ウィリアム・ワイラーはいいけれどね、私はワイラーがおもしろいと思ったんだけれども、いや、だめと。

どこがいいかというと……「戦ふ兵隊」をいま見てみるとおもしろいんですよ。うちを焼かれた、さまよう中国人の顔と姿が映っているんです、一人一人。よくもやったと思うね。これはカメラマンが優秀なんだけれども、それを日本にいてモンタージュしたのが亀井文夫なんです。これは陸軍が金を出してつくったんだけど、陸軍が最後見てみて、これでは戦意高揚にならないとお蔵にして見せない。だから全部その出費はタダ。残されているから、今も見られる。いま見ても、名作です。つまり逃げ惑い、そしてどんどん歩いていく中国人の女や子供たちの表情が見えるんですよ。戦争がどういうものか。やはりすごい映画なんだ。だから、アメリカのワイラーなんかのは無理だ、頭でつくってしまっているから。そういうのが、ノーネスの評価でしたね。いや、やはりそういうものがそのまま詩なんだけども、それも抒情が批評になっているんですよ。この、中日戦争に対する感情が批評なんですよ。

だけどそういうものを持ったままずっと行けるというのは……山下清は知恵おくれだというレッテルを張られているから、自分を曲げないでずっと戦後まで来てしまう。淡谷のり子の場合は違うんだね。

金　あの人はすごい人ですね。

鶴見　ふてぶてしい人で、あの人のおじさんは、戦前の社会党の代議士なんですよ。だから相当意識的なんです。とにかく貫いたね、あれは。死ぬまで変わらなかった。

金　日本人離れの人は、本当に日本人なんですね。東北の方でしょう。

鶴見　東北です、そう。いや、ああいう人。なかなか大学にいないんですよ。私ももうもうろくの段階に達したからね、東大教授はみんなだめ、東大教授は頭のなかに脳みそが入っていなくて豆腐が入っているんだと言うけど、そんなことはあり得ないですよ。科学的な命題でそんなことはあり得ないんだけれども、そういうこと言っても八十歳過ぎると通るんですよ。

金　いや、先生こそずっと貫いている方じゃないですか。

国語なんて迷妄

存在そのものが、詩

金　『図書』（二〇〇五年四月号）に、「日本の詩への、私のラブコール」（『金時鐘詩集選　境界の詩』所収）を書きました。つまり詩というのは文字づらだとか、音読をすることではないと思うんです。詩の抒情というのは――ここで触れましたが、どこかで核実験が起こるたびにいつもと同じ場所で三十年近くも座りとおしている名もない市井人がおるんです。または最果ての湿原でたったひとりで環境保全と野鳥保護のために半生を費やしている人もいる。僕も中等教育、県立高校の教員を長いことやりましたが、本当に寝食を忘れるぐらい子供たちにかかわりとおしている教師がいるんですよね。こういう人たちは、もう管理職にはなれないんですが。そういう人たちの思い、そういう人たちの存在そのものがもう詩なんですね。

鶴見　そうですよ。

金　だからそういう人たちの存在に思いを通わせる人が、そのような思いの人たちの言葉を分かち持つことができる。日本の現代詩の現状は、実感を描きだすよりも観念操作に憂身をやつしている。日本の現代詩の疲弊はそこに根ざしている。あまりにも私的《わたくしてき》に過ぎる詩が日本の詩には多過ぎて、物言わぬものたちに思いをはせること、例えば人里に出てくるクマに見るような、あれは人間の身勝手さが強いたようなものではありませんか。そういう物言わぬものたちの悲しみに思いがいく人こそ詩をかかえもっている。または言ってもはじまらないと口をつぐんでいる人たちの存在に心通わす物書きがおるとすれば、その人の表現は、自分のつき上がる思いの言葉でもあるわけだ。

だから詩人は不可分に他者の生存ともからみ合って生きている存在だと思うのですね。例えばうちの同胞の「おまえの書くのは難しい、ワシらにもわかることを書いてくれ」というオッチャンたちの思いの底には、無言の状態を強いられて底辺ではいつくばって生きなければならなかった思いがうずいている。あまりにも思いが大きいから、こまごまと言葉を砕いて言えないんです。言葉がないわけじゃない、言葉はつき上がっているけど、いちいちそれが言えないぐらいの生活なんですよね。そういう思いに、自分の思いを通わせ得るもの、そういう人が言葉を発することは、不可分にその人たちの言葉でもあるんだという、そういう信念めいたものを僕は持っているんです。

それに日本の大方の詩人は自分の拠って立つ場を明かさない。何に依拠して生きているかが、わからない。それでいて書かれるものは、すぐれてワタクシ的である。知的遊戯みたいなものに、ほとんどのエネルギーをかけてしまっている感じがしてならない。内面言語と言いますけれども、内面言語であっても、僕はその他大勢が生きている思いとからみ合っていたら、その内面言語はその人たちの言葉、思いとつながるものだと思うのですが、そのような日本の詩人は数えるほどしかいない。

それで、辻井さんがそういう御意見を書いてくれたんだと思いますけれども。僕は、詩人というのはたまさか言葉で表現できるに過ぎない存在だと思っています。詩人は詩人として生まれはしないけれど、詩は万人が共通してかかえ持っているものだと。自分の生き方がこのままであってはならない、流されてばかりいてはならない、と不断にそういう思いを持ちつづけている人は、もうそれが丸ごと詩だと思うわけですね。

良寛の抒情

鶴見　良寛というのは、ちょっと別の面白い生き方をした人なんですね。柏崎の方の、割合に豊かな庄屋なんだ。家を出てしまって九州の方まで行くんですが、ものすごく勉強したんですね。どういうふうに勉強したかの経歴はわかっていないんですが、彼が後で勉強したことを全部消す努力をしているんですよ。山の中で無言の行をやったりなんかして、無言の行をやっているところに全然良寛なんて知らない人が来て、腹減ったから食わしてくれといって、無言の行をしているんだなと思って、手まねでやって飯を食わしてもらって、一晩泊めてもらって食べた。その、後で文章を書いたのでわかっているんですが。良寛は『万葉集』の歌をちゃんと読んでいるのと、漢詩を非常に広く読んでいる。この二つが、もう消し去った後もぽこっ、ぽこっと痕跡が出ているんですね。だから消す努力をした人で、最後は子供がいれば鞠つきをやって一緒に遊ぶとか、それからもらった米を炊いて自分で食べるとかというふうにして暮らしていたんだけれども。彼が書いた筆跡がものすごくいいのと、それから幾つか残した彼の書いた漢詩が古格を表しているもので、和歌の方も『万葉集』の系統の、忘れようとしても忘れがたくふわっと沸き上がってくる感じがあるでしょう。独特の人なんですね。

金　独特と言えば独特と言えますけれども、やはり消えてつながる思考秩序を経た……。

鶴見　そうです、消えてつながるということを体現したんです。

金　知識を生のままつたえるのではなく、知識を先生がおっしゃるように消そうとしたから、清水だけが残ったんですよ。知識の清水がね。それが、良寛の抒情になったと思います。

鶴見　良寛というのは、特別なえらい方だと思いますね。おもしろいでしょう。

だから日本語とは何かという問題があって、金時鐘さんの言葉で言うと、小野十三郎の抒情ということにぶつかることによって……「自分は日本に来て、日本の詩人の言葉によって洗い直されたことは、何にもまして幸いなことでありました。私はそのことによって、自分の内部に巣食っている日本との対峙を新たにすることができました」と。やはり、このあたりがおもしろいんですね。日本語と対峙し、日本人の日本と対峙するという、やはりそういうこと、そういう理想をはっきりと見きわめたところが金時鐘さんのおもしろさですね。その立場を見きわめてそこにいる人は、とても少ない。だから在日の方が、明らかにその位置を見きわめるきっかけに恵まれたと思う。それが今のコスモポリタンとかグローバルというものと、その場から同じように対峙するので。グローバルにどうしたら対峙できるのか。要するにグローバルになってしまえばいいのではないかというのが、権力の立場でしょう。軍事力は、アメリカの方が大きな軍事力があることは確かなので、そちらの方に身を任せた方が得になる。

ナンシー関の消しゴムアート――限界芸術

鶴見　私がびっくりしたのはね、ナンシー関というのがいるのよ。知っていますか。

金　名前は、聞いたことがあります。

鶴見　私は知らなかったんだけれども。この間、ナンシー関のことを紹介しているのが、坪内祐三の書いた『文庫本福袋』という本に出ていたのでびっくりして、本屋に行ってナンシー関の本を買ってきたの。もう死んでしまったんだけれども、消しゴムアートというのをやっていたんだ。消しゴムに彫るの、こんな小さな消しゴムに。それにね、ナンシー関が言葉を添えるんだけれども、いまの日本人の思想というのは「何とかして隣の人より得ができますように」だと。妙齢の女の子が、何とかして得ができますようにと真剣な顔をして祈っている表情が消しゴムに彫ってあるの。これが芸術だと思ったね。今の人は、そんなに得する必要ないじゃないの。しかし、それは必要をこえて、真剣な、思想そのものなんだ。権化なんだ。何とかして得ができますようにと祈っているの、真剣な表情で。その女性の肖像を、消しゴムに。

金　こんな小さいですよね、三センチ四方ぐらいに。

鶴見　これこそ、芸術なんだよ。消しゴム版画。ああいう人が死んでしまったのは、残念だね。これが日本の思想なんだ。何とか得にできますように。全く真剣。自ら疑うところがなくて。それを見抜く、そして肖像に。それを僕たちみたいにこうやってやるのではなくて、消しゴムをちょっと手に入れて。これだ。

金　その人が他人より得をしますようにと願っているわけでは決してなくて、それを真剣につくることで、それは猛烈な批評になっているわけですね。痛烈な批評に。

鶴見　ねえ、すばらしいですよ。これだけの芸術家が死んだかと、本当に。だから、坪内が書いているのよ。ナンシー関が死んだなんて、やはりそれだけの追悼を与えられるほどの人物だね。すごいと思った。

金　本当に市井人、市井の中のヒロインでしょうな。

鶴見　パトロンがついて、部屋をもらってでかい肖像をつくるのではないんだもの。消しゴムをその辺で買ってくるわけ。思想が偉大なんだ。今の現代日本思想というのを、何とかかんとか言うのではなくて。

「何とかして得ができますように」と、一つの語に収斂できる。これが芸術なんだ。すばらしいと思った。

おもしろいね。文庫本で、本当に。わずか何百円かで買える、びっくりしてしまった。本当に生きている間に彼女を評価できなかったことは、我が不明を恥ず、と思ったね。

金　本当にそういう世情の底辺の芸術家にずっと執着しておられる先生にしては、惜しいことをしたかもしれませんね。

鶴見　まさに私の言う限界芸術なんですよ。すばらしいね。

そうやって放浪して歩いていく人が現代にももちろんいるわけだけれども、古代にはいたんですよ。それがアフリカから出てヨーロッパを通って、インドを通って、アラスカ海峡内からずっと歩いていって、カナダからアルゼンチンまで行って止まったの。ところどころ少しずつ人が残してきていて、あれが先住民族で、つまりインディアンと間違って呼ばれているものですよ。彼らの持っている気分が俳諧であって、やがて彼らは絵文字で抒情詩を書き、そして言葉も、英語や何かも覚えるでしょう。そうすると彼ら自身の言葉をやはりつくるのね、モーホークや何か。それとここに残された人間が一生懸命また進化してつくってくる芭蕉の俳諧と、彼らの先住民族の詩とは見合うんだよね。「きょうは死ぬのにいい日」とかね。それはやはり芭蕉の……。

金　それはいい、その言葉も詩だな。「きょうは死ぬのにいい日」。

鶴見　いいでしょう。俳諧と見合うんですよ。だからそういう中に乖離があったときに、その後からのこのこ出てきて自分たちが文明をつくったとか、この文明を世界に押しつけなければいけないというのは、あれは全く非文明人だということがわからないんだね。

金　ブッシュがそれをやっていますね。言葉は移民によってもたらされるとおっしゃった、先生の、具体的にそういうことだと思いますね。

いま聞きながら、風流という言葉の原理はそれだと思います。風流というと、何かみやびなもの、典雅なものだと思いがちですけれども、本当は風流というのは利得にかかわっていなくて自分の思いどおり生きているという、つまり、移動することだと思うな。定着というより、未知なものへいつも移行していくのが風流ではないかと。それが、日本では風流というと何か趣味がいいという程度のことに考えられがちですけれども。

鶴見　良寛は、風流ですよ。「天上台風」なんて風流じゃないですか。宇宙的でしょう。

金　ええ、だからそこまで来て本当に風流なんですよね。

鶴見　だけど、ナンシー関も偉大な芸術家だ。何とかして隣の人より得をしたいと祈っているんだ。真剣に祈っているんだ。いや、わたしは今の、坪内の本を読んで、これは大変なものだと思った。何とかして、隣の人より得をしたい。何のために、人生を生きたいとか、全然ないんだよ。そういうひとをみんなが大臣にして雁首をそろえたみたいな。「隣の人より得をしますように」というのが、日本国民全部の哲学です。

金　それを三センチ四方の消しゴムに彫ったというのだから。

鶴見　それを、日本国民はわかっていないんですよ。何とかして常任理事国になりたい。もう、十年前からそうでしょう。常任理事国になって何をするのか。ただ、常任理事国になることしか考えていない。ただ常任理事国になりたい。私のおやじだってそうでしょう。何とかして総理大臣になりたい。大臣になって、あれは何もすることないんだ。一つだけしたことは、大臣部屋を大きくした。そういう人間が、常に一番でいる人なんだ。一番というのは、そういう人なんだ。日本の教育制度は、そういうものなんだ。何をしたいかという問題ではないんですよ。だが坂本竜馬とか高杉晋作とかというのは、そういう人間ではなかった。日本国ができたって、閣僚にはならないと竜馬は言っているでしょう。それがいつ崩れたのかというと、一九〇五年なんですよ。日露戦争の終わり。あそこで終わり。あの後は、もう滅びるしかないんだ。もう、百年滅びの道を歩いているんです。これからも長いと思う。必ず滅びる。私はそういう思想を持っているので。

建国以前に創立されたハーヴァード大学

鶴見　とにかく小野十三郎を考えてみても、金時鐘さんほど小野十三郎を顕彰した人を私は知りませんね。そのようにして見出される。それが、すばらしいことだと思うんですよ。

金　小野先生の『詩論』とかに出会ったことは、一種の啓示みたいなものですけれども、やはり出会わせたのは自分をつくり上げてきた日本語があってのことだと思うんですね。日本語は何かというふうに、先ほどもそれが提起されたままになっておりますが、僕の場合は自分が十五年戦争の終結で勢い朝鮮人になったわけじゃなくて、立ち返らされた人間、おまえは朝鮮人だと押し返されてしまったわけですね。それまでの自分をつくり上げたものが日本語ですから、僕を涵養《かんよう》したものは何かと考えていくと、どうしても日本語に行き着くんですよね。自分の国が奪われるときも、戻ってくるときも、何ら関わったことのない自分が、解放された人間として解放世代に位置づけられることが、僕にはずっと重荷なんですね。

鶴見　むしろ大学教育なんかを受けてしまうと、日本の大学のつくり方とヨーロッパは違うんですよ。日本はまず明治国家ができるでしょう、それから五、六年たって日本でただ一つの大学をつくるんです。ほかの学校は大学じゃない。それが東京帝国大学ですね。そうすると国家がまずできて、国家の責任者、権力者ができて、それが指令をして大学をつくるわけで、国家のために役に立つ。だけどヨーロッパはまず勉強する人たちがいてそれが大学をつくる場合が多いし、ことに宗教がずっと続いてきて、その中に自分でかなり反逆的な、独立的な学問をするところがいろいろなところにできて、そういうものが学問になっていくという形もある。

だけど日本の東大の人たちは、同じようにできていると思っているんですよ。例えば私は二十年ぐらい前に葬式に行ったんだ。葬式の後、飯を食うでしょう。偶然私の前で飯を食っているのが、東大教授だったんですよ。それで、「鶴見さんがそんなにいばっているのは、鶴見さんがハーヴァードを出ているからじゃないですか」と言ったんだよ。私は非常にびっくりした。そんなことを考えているのか。つまり、日本はアメリカに負けたでしょう。だから、勝ったアメリカのハーヴァードがずっとえらくて、東大よりもえらい、と。

だけどハーヴァードというのは、できたときは一六三六年なんだよ。アメリカ建国は、一七七六年なんだよ。そのときに国があるわけないでしょう。

金　その先生は、鶴見俊輔が不良の成り上がりだということを知らないようですね。

鶴見　そう、私は小学校と大学しか行っていないんだ。しかも大学は試験受けて入ったけれど、出席は二年半です。二年半のときにFBIに捕まってしまったんだから。牢屋にいるときに、大学が私に卒業証書をくれたんだ。東大だったらだれがやってくれますか、そんなもの。そんなこと全然わからないで、そういうことを言っている。

金　先生が勉強ができたからですけれども、でも、それは日本ではあり得ないことですね。

鶴見　私はそのときに決心したの。もう東大教授と一緒に飯を食うのはやめよう。ブリア・サヴァランがちゃんと言っている。飯は、一緒に話をするやつがおもしろければ消化がいい。これは美味である。つまらなければ消化が悪い、美味ではない。サヴァランが言っているんだから、これは大したものだよね。だれと話しながら飯を食うかによって、味は決まるんだ。

金　多くのことに敷衍される言葉ですね。

鶴見　決心したけど、またそのときは丸山眞男に会った最後の日だった。葬式の日。丸山さんが生きているうちは、あまり言いたくないんだよ。私は丸山を非常に尊敬しているんだ。丸山さんが亡くなったからもう平気で、間違っても何でも構わない。大体東大で一番なんて、愚劣な連中だ。山下清の下にいるやつなんだ。

あの戦争をだれがやったと思う。戦争が終わると、びっくりして追放した矢内原忠雄を元に戻して、矢内原先生みたいなのがいるなんて占領軍と交渉して。その根性がだめなんだよ。つまり「内で蛤《はまぐり》、外では蜆《しじみ》」というんですな。占領軍と交渉して。矢内原はえらいですよ。追放されたのに平気で、昭和十八年に中之島公会堂で矢内原が演説したことがある。「もうすぐ、パルーシャは近い」と言っているんだよ。つまり人間の解放は近いと言っているんだ。もうすぐ負けると言っているんだから。それでも……。

金　それで、引っ張られなかったんですかね。

鶴見　パルーシャと言っているから、わからなかったんだ。だから通っているんです。ちゃんと、記録が残っているんです。ものすごくえらい人です。だけど引っ張り出して、元の東大教授にして、先生が何とかとかね。そんなこと言ったってだめだよ。あの戦争は東大が中心になってやっているんだもの。それ以外にどこがやりますか。それがわかってしまっても、もう口をつぐんで知らん顔。

私は近ごろ落語のネタを一つ考えたの。東大に入るとき、試験に受かるときにね、一人で、自分自身の力で入ったと思っているわけ。そうじゃないんだ。あれはみんな、東大に入るやつは欲と二人連れで入っているんだよ。その二人目がそこにいることを自覚しないから……。

金　出たら、利得は約束されているようなものですから。

鶴見　そう、死ぬまで二人連れで生きている。それで、ついに死んだ。棺おけに入れられたときに、人魂のごときものが、するするするとすき間から出てくる。これが二人連れだった欲なんだ。

金　今のは、いいなあ。

鶴見　これはやはり、落語で仕組んだ栄養。もうろく段階に入ってからはそういう落としダネを考えているんだ。こんなもの学問じゃないし、科学的な命題としては間違っている。だけどやはり平気でそういうことを言うことは楽しいんだね。私の生きがいです。

編集部　これはやはり、鶴見俊輔の俳諧ですね。俳諧であり、詩ですね。

五百年の帝国主義の中で作り出された英語文化

鶴見　例えばね、「ここめた過去の背丈よりも低く」、この一行がすばらしいんですね。

背伸びしてものすごい背丈の高い詩人として詩を書くということではなくて、自分がこうやって屈服したときの背丈よりももっと低い詩を書きたいという、そういう理想が詩を支えていくと思うね。

世界の言語というのは、もし人間が生き延びるとしたら変わっていくと思うんだ。つまり古代そのものはいま言ったアラスカ回りの偉大な人たちがあそこで詩を持っていたんだけれども、世界の文化はもう一遍お互い影響し合っていく。金時鐘が小野十三郎の影響を受けたことが彼の書く日本語に対して影響を与えて、これの養いの親になってほかの日本人と対峙する。ほかの日本人の日本語に対峙する。そのような力を持ち得たと思うような影響を、世界いろいろなところで与えていく。

だから例えばヴァージニア・ハミルトンの、もう死んでしまったけれども、この文学というのは、やはりそのようなところとして残ったと思うんですね。だから、それが未来の文学だと思う。それは、大きな帝国主義は悪いことをしながらそのことを悟っているんだよね。だからイギリス人というのは、おれたちは悪いことをしているなと思って悪いことをしているから、やはりちょっと日本人にはない倫理性があるんですよ。

だから文学といっても、英語の散文を書いたのは五人だという説があるんですね。それは、小説をもとにして考えるとジェーン・オースティン……これは大学に行っていないんだ。結婚もしていない。それからジョージ・エリオット、これは女なんだから、大学行っていないんだよ。それから、ヘンリー・ジェームズ。これはアメリカ人なんだ。この人も大学に行っていない。それからD・H・ロレンス。労働者の子だから、オクス・ブリッジには行っていないんだ。それで、最後にコンラッド。これはポーランド人なんだ。ポーランドに生まれて、ロシア語は少し知っているけれども、両親が二人ともナロードニキで、革命の戦士で、早く死んでしまうんだ。彼は十四歳からフランスの船に乗って水夫になって最後に船長になるけれども、最初に出会うのはフランス語なんだ。だからポーランド語、ロシア語、フランス語で、そのうちに英語にも出会うわけ。妙に英語と相性が合うんですよ。偶然にも船客にゴールズワージーがいたこともあって、降りてしまうわけね。それでイギリスに定住して、英語で書き始めるわけ。ものすごく文法上の間違いが多いので、初めは合作なのよ。フォード・マドックス・フォードというのと一緒に書いていく。あとは独立して書くんだけれども、最後までスペルの間違いが多い。だけど、公平に考えると、イギリスの中で五人の散文家。だけど発音は、死ぬまでよくならない。

金　僕と同じ。

鶴見　アメリカに来て演説するんだけれども、まず自分の書いた散文を読むんだよ。ウイリアム・ライアン・フェルプスというエールの英文学の教授が、日記にちゃんと書いている。「こんなに美しい英語が、こんなにひどく読まれたことは初めてだ」と。でも、それは五人の英語の散文書きであることは確かなんだ。

もう一人挙げる場合もあって、五人半というときはディケンズを挙げる場合がある。だけどディケンズも、あれは速記士の出身だから大学なんか行っていない。だからこの五人あるいは五人半のすべてがオクスフォード、ケンブリッジじゃない。だから英語というのは不思議なもので、ほとんど五百年の帝国主義の中でつくり出した文化というのはそういうものです。

日本の場合には純粋な日本語とか変なことをやって、国語を権力者が選んだもので、こうやるでしょう。純粋な国語というのは変だよ、大体。純粋な国なんかつくれるのかといったら、大体みんな土方の親分みたいなのがぶん殴ってつくったものでしょう。それが純粋な国をつくって、そして純粋な国語をつくる。それは全くの架空のユートピア像なんだ。だから三島由紀夫というのは才能はあるけれども、そんなものを考えて理想にするのは困るね。私は、全く困る。

いま見事な日本語を書いているのは、例えばアーサー・ビナードですよ。ビナードはうまいね。彼は日本語に接触したときが二十一歳。だけど、やはりこういうところから日本語は新しくなると思うね。アメリカ人ですけどね。日本に住んでるんです。

感情を持続する在日朝鮮人

鶴見　そういうところから新しくなっていく。だけど彼らは、リービ英雄にしてもビナードにしても皆アメリカ人だけれども、その人たちに先んじて在日朝鮮人ですね。それは日本語文学というものがあって、それをはずしたら日本の現代文学は値打ちが下がると思うね。それだけのものがあった。それは日本の帝国主義はイギリスの帝国主義ほど奥行きを持っていないけれども、それでも在日朝鮮人の中から偉大な小説が出た。日本語で長編詩を近代になって書いたのは金時鐘だけだよ。そういう非常に妙なこと、考えることもできないようなことができている。日本で長編詩を書こうと思った人はいた。それは千家元麿、『昔の家』というのは一冊本になるほど書いたんだけれども、あれは未完なんだ。プーシキンから影響を受けて書いた。千家はおもしろいですよ、立派な人なんだけれども。それは、金時鐘の長編詩三冊というのは日本人の詩人には書けなかった。なぜか。これは感情の持続がないから、日本人には。感情の持続が、朝鮮人にはあるんだ。

金　感情というとナチュラルなもの、自然的なものと思いがちですけれども、感情というのはつくり得るものでもあるんですよね。

鶴見　感情が批評になる。そして感情が思想の元であり、持続する感情は我々の環境に対して全員が国民になっても、一人としてそこからこの思想を批評し続ける拠点を築く。そういう問題が、在日朝鮮人の中には流れとしてあった。それが、日本人の中にはほとんどない。

金　在日朝鮮人の置かれている実存がそういうものでもあったんですけれどね、その点日本の人はいつしか民主主義国家になったことで、すっかりそういうことに対するまなざしを向けることをなくしてしまった。

鶴見　そうですよ。つまりデモクラシーという問題は、冷静にこの百五十年ほどの世界史を見ると、デモクラシーがあって初めてデモクラシーからファシズムが起こった。デモクラシーなしに、ファシズムが起こったことはないんですよ。このことをわかっていないんだよ。デモクラシーがあったらファシズムに抵抗できると思っているでしょう。これが東大流の浅はかな考えなんだ。つまり、大正時代には大正デモクラシーというものがあった。それがあったからこそ、昭和に入ってからのファシズムができるんです。ドイツにもワイマールのデモクラシーがあった。それがあったからこそ、ナチズムができるんです。イタリアも恐らくそうでしょう。スペインもそうでしょう。だから日本の場合変なことで、デモクラシーは二度あったでしょう。大正時代と占領下のデモクラシーと。もう一つファシズムをつくっているんだから。二度も性懲りもなく同じものをつくっているんだから、全くどうかしているね。つまり、記憶の持続がない。

本格的な不良少年とは

鶴見　記憶の持続がないというのは、その支えになる感情の持続がないんだ。というのは、非常に早く学校制度を明治につくったでしょう。成功したわけ。ただ、学校制度というのは、正しい答えは先生が持っているんですよ。先生が心の中に持っている答えを何となくぱっと直感的に、はい、はい、はいと手を挙げて、それが正しいんだ。それが小学校一年生、二年生、三年生、同じ学校もあるけれど、それぞれ変わっていく。中学校に行くと変わるでしょう。また、高等学校に行ったら変わるでしょう。大学に行ったらまた変わるんだ。そうすると、すぐに変わった先生の心の中にあるものをぱっと。その訓練が、小学校一年のときからできていく。それは、学者犬が当てるのと同じなんだ。それは親方の目を見て一、二、三、四というのをとっていくから、当ててしまうわけだ。ものすごく頭がいいと思うけれども、まあ頭がいいには違いないんだけれど。だからその能力を一年生のときからずっとやっている。

だから本格的な不良少年がいるとすれば……私はそうではない、ちょっと落ちているんだけれども、一年生入ったときの最初の時間に「先生、その問題は自分で考えたんですか」と。これは、先生はぎょっとするよ。この野郎と、答えられないから殴っちゃいますよ、そいつね。それで教室の中にぱっと答えを言い当てる生徒がいて、そのとおり、そのとおりと黒板に書く。不良生徒はまだうじうじしている。「何だ、君」と言うと「先生はその答えがただ一つの答えだと、どうして言えますか」。これも難しいんだよ。

金　始末に負えない子供だな。

鶴見　もう一遍殴ってしまう。それで一巻の終わり。それがしかし、実は小学校一年の教室における最も知的な会話への入り口だった。それを超えられるやつが、大体教師にいないんだ。

金　先生の話になぞらえれば、僕も結構頭がよかったんだな。先生のようなことが、僕にも二回あるんですよ。小学校、日本で言う小学校二年のときに……僕は二年までは、朝鮮では普通学校でしたよ。つまり、義務制ではなくて。二年のときに修身という科目もありましたが、国語の時間にことわざを習うんですよね。「雨だれ石をうがつ」とか、「稼ぐに追いつく貧乏なし」とかというのを覚えて、先生が「雨だれみたいなものでも長いこと落ちておったら穴があくんだ」と言うから、僕は「人間は何年かかったら石に穴があきますか」と。本当に聞いたんですよ。先生は初めきょとんとしていましたけれども、ものすごく怒り出しましてね。おやじが呼び出された。

鶴見 そうでしょう、本当に暴力的なんだ。

金 おやじには帰って怒られなかった。苦笑いしていましたけれど。そのことわざには本当に、とっさに反問が口をついてでたのです。立派な皇国臣民となって、早く兵隊さんになるためには小学六年を卒《お》えて中学校五年上がって、九年しかないのにその石に穴があくものだろうかと、そんなせかれた思いで聞いたのでした。

もう一つは、戦争中僕はおじいさんが北朝鮮の元山でプロテスタントの教会の長老格だったので、おやじは早くから放浪していたものですから、おじいさんについて教会に行っていました。僕には教会の日曜学校が幼稚園みたいなものだった。五年生のとき大東亜戦争、アメリカとの戦争が始まったんですが、大東亜戦争が始まったら朝の礼拝に戦勝祈願のお祈りをするわけですよ。日本が勝つようにとお祈りを上げるんです。僕は小さい頭で、アメリカの方がイエス様に、日本の信者が多いのに、イエス様はどちらの願いを聞くのかなあと礼拝のたびに思った。それで牧師に聞いたんですよ。「私たちより向こう側が信者、クリスチャンが多いのに、イエス様はどちらの願いを聞くんですか」と聞いたら、そんなことは考えんでいい、祈ればいいんだと、祈りの強いほうにイエス様が来るというんですね。それからはまったく教会に行かなくなりました。僕は賛美歌も割とよく知っていますし、ちょっとしたお祈りができるぐらいに聖書の暗記した部分もありますけれどね。朝鮮語で戦後覚えたんですが。だから、小さいとき素朴におかしいと思うことは、本質的におかしいことだと思う。

鶴見　学問というのは、わからないことは一緒に探そう、それが学問なんですよ。だけどそんな教師なんていうのは、まずいないですね。

金　答えてくれないもん、けわしい顔をするだけやもん。

鶴見　殴っちゃうよ、本当に。……今日、私が出てくるときに細君が、この前彼女が金時鐘さんと会ったのは、高銀《コウン》さんと一緒だったというんだよね。

金　はい、そうでした。

鶴見　高銀さんとの話……こういうことを高銀さんが言ったんだ。山の中でずっと育てられたものだから、日本人の普通の家庭というものがわからなかった。学校に行けということになって学校に行って、先生が日本人の先生でしょう。「君たちは何になりたいか」と言うから、彼は「はい」と手を挙げて「天皇陛下になりたい」と言った。

金　一番えらい人に。

鶴見　先生が怒って、お父さんが何か持って行って謝って。

金　それはえらい人に、まあ大将になるとかは言うけれど……。いや、先生も怒りながら、内心笑いをこらえたのと違うかな。高銀も、詩をやるだけのことはある。

本格的な教師とは

鶴見　だからこれはわからないから一緒に考えよう、疑い続けていこうと言うのが本格的な教師なのに、そんなのはいないんですよ。日本人もたくさんいるんだから、一億人もいるんだから、そういう先生はいないことはないと思う。私が一つだけ覚えているのは、同級生に雨宮一郎というのがいたんだ。それは数学の京大教授だった森毅が自伝を書いているんだけれども、自分の生涯で会ったただ一人の天才は雨宮一郎なんだ。森毅に言わせると、日本の生み出した十人の偉大な数学者といえばあるいは議論によっては入らないかもしれない、十一人といえば必ず入るというんだ、雨宮は。

金　そういう分類も、また含蓄がある。

鶴見　数学史から入って、公平に日本人から出た人なんですね。十人に入れる人もいるらしいけれどね。それが、私は同級生だったんだ。それで私がクビになって放校されるときの最後の一日、彼と一緒に帰ってきたんだ。無邪気な男なんだよね。「あしたから夏休みになるね」と言ったね。私はね、「おれにとってはきょうが最後の一日だ、もう学校に来ない」と言ったんだよね。もうおれは退校だ。それから長い間会わなかったんだ。彼が死ぬ前に二度会っているんだけれども、彼が何十年もたったときに言うんだ。あれから僕は神経衰弱みたいになってね、何度も落第した。東大の数学科に入るときには、数年下の森と同級生になってしまったんだ。先生は彌永昌吉、今、九十三歳ぐらいだ。これがおもしろい男なんだけれども、教室で「君の言うことはどうもよくわからないな。おもしろいみたいなんだけれどもどうもよくわからないから、この次の日曜日一人で来てよく説明してくれ」と。こういうのは、本格的な教師なんだ。どうも自分より先に行っているらしいんだけれども、言っていることがわからない。うちまで来てもらって、飯を食わしてゆっくり聞いたんだ。だから、そういう教師もいたんだね。だから、やはり大したものだ。

金　東大ですか？

鶴見　残念ながら、東大なんだ。打ち消したいぐらいなんだけれども、東大の数学の大変えらい教授ですよ。「ベト数懇」というのがあってね、「ベトナム戦争に反対する数学者の会」という運動を起こしたのが彌永昌吉なんだ。

京大の数学科もベトナム戦争に反対して、脱走兵援助を助けた。京大の数学者で、学生でトップというのは塩沢由典という男だったの。それは脱走兵と一緒に住んでいた。兵士は捕まってしまったけれど、やはり数学の教授たちがみんな寄ってたかってかばったから、援助をした彼は文部省の留学生としてフランスまで行くことができた。今も、日本を代表する学者ですよ。数理経済学者で。大変に立派な男なんだ。つまり、それは彌永が道を開いたから。そういうのも、ゼロではないと思うんだよね。

だから私が言う、東大教授がみんな頭の中に豆腐が入っているんだというのは間違い。初めから間違い。全称命題というのは間違いなんだ。だけど、あいつはもうろくしているからしょうがないんだというふうに、相手にしてくれないのがいいんだよ。これがいいんだよ。
金　長い時間、先生を一人占めでこんなに聞いて。
鶴見　いや、私は時間さえいただけば幾らでも話すことはありますよ。金さんは私がものすごく感心している人の一人なので。既に八十二歳だからもはやできないけれども、辻井喬に刺激を受けて「金時鐘」という一冊の本が書ければいいと思っている。だけど、もはやそれは不可能だろう。私に力が残っていれば、大きい本を書きたいですよ。つまり、今の人間の文学というのはそういう方向に向かっている。かつてはそういうものだった。これからもそこに向かう。それで、近代というのはその中に挟まれているに過ぎない。国語なんて迷妄なんだ、そういうことを書きたい。

戦後文学と在日文学

飯沼二郎の雑誌『朝鮮人』と須田剋太

鶴見　飯沼二郎という人がいるんですよ。
金　大村収容所をなくすためにという『朝鮮人』という雑誌……。

鶴見　『朝鮮人』という雑誌をつくったんです。それは在日朝鮮人を、北系と南系と区別せずその問題を話し合う場です。在日朝鮮人の中の、日本語で書いている優れたライターを呼んできて私たち日本人と一緒に話をする。それを何年やったかな、十七、八年やったんですよ。最初は飯沼さん一人で、その編集発行人になって、雑誌ができるとそれを持って大阪、京都ずっと歩いて、書店に自分で置いてもらったのよ。それが、ついに彼としては限度が来たんだ。それが終わるといったから、私が引き継いだんです。それで結局二十年ぐらいやったかな。

それは金達寿とかおもしろい人をたくさん、一人一人呼んできて、その話を聞いてテープにとって。それに、絵を寄付してくれる人がいたんです。それが、須田剋太。ものすごくおもしろい人でね。須田剋太、絵をただでくれるんですよ。ただで表紙をくれるから悪いと思って、一年に一回彼を囲んで会食することにしていたんだ。その会食にもね、新聞紙に包んだ自分のグァッシュを七、八枚持ってきて、「好きなのをとってくれ」と言うんですよ。私のところに、それは二十年やったからこんなにたまるでしょう。持っているんですよ、今も。ただでくれるから、売るわけにいかないでしょう。展覧会を開くと、びっくりされちゃってね。「これは一体幾らだと思いますか」というんだよね。大変な値段がついているんだ。だけど、もらったものだから。もらう人は飯沼二郎、岡部伊都子と私だ。みんな、もらって持っている。
私は、私が生きているうちは売らない。そういう縁があるんですよ。須田剋太というのは、本当にこの世にこういう人があるとは信じられないような人なんだよね。大変にいい絵ですよ。
金　須田先生の絵をたくさん持って展示している、在日の、うちの若い友人がおります。お父さんがやっておった喫茶店をやりながら、ものすごくいい喫茶店なんですが……。丁章《チョンジャン》君が、東大阪市の司馬さんの家の近くでやっています。このお店がいいんですわ。
鶴見　そう、行ったことがないんだ。
金　大阪に来られるときは、ぜひ僕が案内しますから。須田さんの絵だけで美術館をつくっていますから。そこでおいしいコーヒーがいただける。
鶴見　だからその絆は、『朝鮮人』という雑誌なんです。一遍来ていただいて、ゆっくり話したことが。飯沼二郎さんの自宅なんですよ。自宅にいて、夫人が全部飯をつくるんだ。そういうつながりですね。
ところが、韓国、朝鮮から逃げてきた人間をそこに収容するという目的の収容所としては大村収容所がもう終わったんです。それで、それを弁護士の小野誠之が調査でたしかめたので、その雑誌は終わった。今から十数年前です。それまでは飯沼さんが降りてから私がずっと大阪まで行って、京都と置いていたんですよ。それは、終わりまでやりました。そうしたら、終わったときに須田さんは死んでいるんだけれど、絵が二枚余分に残っていたわけ。だから最後の表紙を出して、まだ中に二枚入れたんだ。だから死んだ後もちゃんとあったんだね。大変な人だった。

金　気さくな方だったようですね。でも、好き嫌いはかなり激しい方だったと聞いていますが。

鄭詔文の『日本のなかの朝鮮文化』誌

編集部　『日本のなかの朝鮮文化』という雑誌は……？

鶴見　あれは、鄭詔文《チョンジョムン》です。これも、おもしろい男ですよ。これは鄭詔文と金達寿が組んで編集の主宰をして。金達寿がそういう直観を持ったんですね。日本各地で朝鮮人がいて、そこで自分たちの文化をつくっていった。それを地域に行って探っていって、その探訪を中心にして雑誌を出していこう。だから竹内好さんなんかはとてもすばらしいことで「これは小さいながらも、日本で最も大きい雑誌だ」と。

金　よく言っておられていましたね。

鶴見　竹内さんは言ったんですよ。これは、どれぐらい続いたかな。

金　かなり続きました。始めたのは、僕の記憶からしますと、一九七一年ぐらいだったと思います。

鶴見　これは、物として残っているんですよ。鄭詔文の自宅が、美術館になって。

金　高麗美術館になっています。

鶴見　鄭詔文がパチンコ店を経営して、幾らかの余分のお金で少しずつ集めていたものを置いていたんだ。その出店が、私の家の近くにもう一軒あるんですよ。二つあるんです。長い間かけて鄭詔文が集めたもの。そして目ききとしたら、鄭詔文と金達寿と二人でやるんですね。あと、娘さんが喫茶店を経営しているんです。これもなかなか趣がある、いい家ですよ。そこの喫茶店で、小さい庭を見ながら朝鮮料理を食べることができるんです。とてもいい家です。だから、残っているものはあるんですね。

金　集めたものを遺産相続すると税金でそっくりとられるのでね。それで先生方は財団法人にしたの。財団法人の認可なんか、とてもとれないのにね。財団法人化して、鄭詔文さんが住んでいた家全部を高麗美術館にして、初代館長になんと林屋辰三郎先生。

鶴見　非常にしっかりした後援だろうね。鄭詔文の人柄もあって。林屋辰三郎、司馬遼太郎ですね、非常に肩入れしたのは。

金　司馬先生はそうでもなかったと思いますけれども、上田正昭先生は一生懸命でした。当の鄭詔文さんもそれだけの支援を受けるだけの、本当に立派ないい生き方をした人でした。

戦後文学と在日文学

編集部　戦後文学において在日文学の果たした役割ということを、これだけお話しいただいたというのは、ないのではないかと思います。

金　鶴見先生のお話を一人占めするなんて、しんそこもったいない思いでいっぱいです。それにこんな古い詩集の再刊に先生自ら肝煎りしてくださって、お礼の申しようもありません。

編集部　やはり今の在日文学といいますか、二世、三世の方たちが最近出てきていますが、そういうのは金達寿さんとか金時鐘さんがあって続いているわけですよね。

鶴見　それをどういうふうに受け継ぐか、東大出の女性がいるでしょう。姜さん。非常にあっけらかんとしてまっすぐに言っているけれども、あれはやはり、新しい流れではないかという感じがしますね。ある意味で在日と通じているんですよ。あっけらかんなんだけれども、今の日本のイデオロギーにとらえられないというところに強さ。

金　姜信子、朝日ジャーナル賞をとった人ですけれどね。

鶴見　そう、つまり今の日本のイデオロギーには縛りつけられない弾力性は、韓国譲りではないかなという気がします。

金　日本で育った人なんですが、日本で住んでいるのに出自の国にこだわることが一義的なことではないというのが彼女の信念で。その後アリランの歌の発祥の地を訪ねたり何かやっているようで、大きくカーブを切って、やはり在日朝鮮人であることを否が応でも意識している昨今のようですね。

鶴見　あの人は、新しいスタイルを持っているような気がします。姜尚中もおもしろいと思います。少数者の生活感覚の裏付けをもつ政治観です。私がずっと読んでいるのは、『生きることの意味』を書いた……。

金　高史明ですね。

鶴見　息子に自殺されてしまうし、大変に苦しい目に遭ったけれども。
金　ずっと息子のことで、親鸞に打ち込んでいますね。
鶴見　彼の細君が在日日本人です。岡百合子といってね。非常に知的能力が高い人で、細君が彼に日本語を書くことを教えた。そういう意味ではとてもおもしろいし、『生きることの意味』というのは名著ですね。おもしろいです。父親は、戦争中も朝鮮語で子供を呼ぶことをやめなかった。そのことからずっと日本の中の朝鮮を手繰り寄せていくんです。いい本ですよ。もう一人、金泰生。死んでしまったけれども。
金　ああ、惜しい、本当に。
鶴見　彼はなだいなだと一緒に出てきた人で。
金　そうです、『文芸首都』の同人だった。
鶴見　ええ。保高という人物がいてね、保高徳蔵。そこから、おもしろい人が随分出てきていますよ。保高徳蔵からは、なだいなだが出てくるし、今は佐藤愛子。
金　佐藤愛子もそうですか。
鶴見　それから北杜夫。そして、金泰生もそうです。
金　生活が不遇、奥さんが住まいの下でホルモン焼きを細々とやっている。金泰生、本当に燐光《りんこう》のような小説を書いた人です。

鶴見　それで『私の日本地図』（一九七八年）、いろいろな地域を書いて。いいものですよ、それは。保高というのは、おもしろい人だったな。

金　でも金泰生は生前恵まれなくて。小説の数は割とあるんですけれども、それをなんとか出すところはないだろうかということで、僕の詩集を出してくれた立風書房に話が行ったんだけれども、担当するはずの人がやめてしまったもので立ち消えになりました。これほどの小説家の作品、どこか出版してくれる出版社はないものでしょうか。

鶴見　それもそうだし、あれも死んでしまった、『凍える口』というの。大変におもしろい人ですよ。

金　金鶴泳。

鶴見　おやじとけんかばかりしたことをずっと書いて、これは、知的能力は非常に高いんだ、東大を出ている。だけど……。

金　そうです。彼は、吃音者でしたからね。

鶴見　内部の鬱屈というのは大変なもので、おやじとけんかすると書いてある。

金　本当の意味での正統な在日文学ですね。

鶴見　作品は、非常に高いと思います。自殺してしまったんですけれどね。今、でかい『凍える口――金鶴泳作品集』（二〇〇四年）というのがあって、日記がついていますが、それはいいものですよ。

ここに、孤独があるから

編集部　鶴見先生にお聞きしたいんですけれども、そういう在日だとか朝鮮だとか、朝鮮文化に対する関心はかなり早いのではないかと思うんですが、何か契機はあるんでしょうか。どういうところから……。

鶴見　異種同型というか、数学的に同じ形だと思うんですよ。つまり、私の境遇と。つまり、普通にマルクス主義的に言えば確かに私は日本社会の上層なんですけれどね、とにかく生まれたときからおふくろに殴られているんだもの。それはブッシュみたいな、先制攻撃なんですよ。生まれたときには、それほどの悪事を働く能力はないでしょう。それを最初から殴られて縛られているんだもの。とにかくそれで、小学校のときからそんなものので成績は悪いし、そういう不良で来ているでしょう。そういう形と、形態的に同一性なんだ。

それで、日本語というものが私はうまくいかないわけですね。十五歳までですから。十五歳から十九歳まで日本語を使っていないですから、実際日本語をうまく書けないですよ。だから、同じ家族でいても違うんですよね。

金　でも、鶴見先生の文章は平明でありながら格調が高いですよ。それはやはりてなれた言葉でない……。

鶴見　てなれた言葉ではないです。

金　ええ、それが格調になって、とても迫真力がありますね。

鶴見　十五歳から十九歳まで書いていないですから。これは一遍手放してしまうと、もう一遍とり戻すというのは大変なんですよ。だから戦争が二十三歳のときに終わったでしょう。それから何とか日本語で飯を食っているんですが、別に英語が楽ということはないんですよ。そのときから六三年アメリカに行っていないんですから。努力しているんですが。

桑原武夫がすごく適切な助言をしてくれたの。彼が私を一九四九年に、京大の自分の助教授にとったんですよ。そうしたら私が非常に書くのに苦労しているのを見て、大変親切なことに志賀直哉に相談したの。そうしたら志賀直哉が助言をしたんですけれども、その助言は「日本語の名文というものを暗唱したりなんかして勉強するな」と。つまり名文の模範といったらその時代は志賀直哉そのものですから、自分の文章なんか書き写したりするなと。日本語と英語の間のどぶにはまってもがいて、ずっとそのどぶをつたっていけば自分の文章が書けるようになる。それはものすごい練達の助言ですよ。志賀直哉がぱっと言ったの。私が、結局その道を歩いているわけだ。

金　僕は鶴見先生にもう一つ恐れを抱きながら親近感をもつのは、自分の日常語の成り立っている底流がものすごく似ているんですよ。僕の発音は今もって日本人的でない発音ですけれども、随分あくせくして身につけた日本語です。それも強制されていることも知らずに、それが自分の生涯を律する言葉だと思いこんできたのですね。それだけに朝鮮人であるべき僕は、その日本語に縛りつけられてもいます。自己呪縛のような日本語から何とか距離を置こうとすると、どうしても訥々しくごつごつしい日本語になってしまうんですよね。そうすることで僕は朝鮮人の自分を保ってきています。英語の蓄えを十二分にもっていらっしゃる鶴見先生は、母語の日本語から切れていた分を取り戻そうとして名調子の日本語になっているのではなくて、少年期に隔たっていた日本語をご自分の瑞々しい英語の感性で見て取ったことで、平明な澄明さを克ち得た日本語になったのだと思うのですね。僕だって、てなれたうまい日本語の駆使者になろうという気は全然ありません。先生と比べるのはおこがましいけれども、関を越えた日本語を使っているという点ですごく近しいものを感じるんです。

鶴見　でも日本語に感度のある人が、意外に金時鐘の日本語に対して敏感なんですよ。例えば安岡章太郎なんかは全然違うんだけれども、これは金時鐘の日本語に対して親近感を持つんですよ。だからそのほかにも、日本語に対してこの人は感度を持っているという人が非常に金時鐘の散文に対して近しさを感じるんですね。これは非常におもしろい問題ですよ。それは、国語はこうでなければいけないという人とは違うんです。

金　鶴見先生はやはりそういう少年時代の、反骨を身につけざるを得ないような少年期、青年期を経たこともあって、目立たないものとか弧絶しているものとか、顧みられないものに対する執着、執着以上に慈しみみたいなものを本性的に持っておられるんですね。ですから出来上がったものとか有名なものに先生はあまり関心を示さない。それよりも見すごされ、打ちすごされていながらなお民衆の暮らしの中で息づいているもの。名もない民芸品とか、場末の芝居小屋、旅回りの役者などに親しみの眼差しを注いでいらっしゃる。先生の〝発見〟はたいていそのような底辺の何かから見出されています。鶴見先生のベトナム反戦運動だって、知る人ぞ知る先生独特の反戦裏面史を秘めていますが、結局は自分の生き方を自分に問うた先生ならではの緊張の実践でした。弱い立場の善なる意志に不断に思いを馳せてこられた先生だからこそ、名分のない戦争に背を向ける米兵の、良心の脱走兵に手を貸すことができたのだと思います。鶴見先生の〝民衆〟意識はそのようにも、行為に裏打ちされたご自分の哲学の現れですので、説得力をもっていますし、実感を分かち持つことができるのです。

編集部　やはり日本の思想家の中でも、例えば朝鮮、在日朝鮮だとか部落だとか、そういうものに非常に早くから、という人は少ないですから。そういう意味では、やはり鶴見先生は、同型異種というようなことを言われましたけれども、その感度は本当にすごいなという感じがしますね。

金　今ではそうも聞きませんけど、先進意識を持っているとか革新的だという人たちがよくこともなげに民衆という言葉をよく使ってきましたけど、知識人の日常は民衆の実態から遠く離れているところで営まれていますよね。大方は底辺で生きてきた人たちの哀歓などと交わる場をもたない。権威を身につけてしまった人たちが言う民衆というのは、体制とか、権力とか、そういう対比の中で対置されるものとして存在する範囲のものです。

鶴見先生はそうではない。本当に顧みられないものに執着なさる。どうしてこんなえらい先生が、こんな漫画など一生懸命ごらんになったりするのかなと思ったりするほど、平民性をもっていらっしゃる。

編集部　この間、鶴見先生が石牟礼道子さんの全集の解説を書かれましたが、石牟礼さんに「古代人・石牟礼道子」という名称を与えられましたね。古代人。それで辻井喬さんの文章の中でも「金時鐘のように、強い内省の叫びを湛えた思想詩を、石牟礼道子の『はにかみの国』のような例外をのぞいて、現代の詩は創り出せているだろうか」と、石牟礼道子さんと金時鐘をこういうふうに一くくりとしておられると思います。やはりそういう古代人・石牟礼道子というように時空を超えた存在、恐らく鶴見先生もそうではないかと思います。これが二十一世紀の思想ではないか。

鶴見　古代人は、意外にインターナショナル（民際的）なんです。考古学でわかってきた。

金　古代人といったら、古くさいというふうに絶対とられるはずはありませんわな。

編集部　現在に、古代があると。

金　原初的な、つまりまみれていない人たちの、まみれていない思考とか、まみれていない考察力、そんなものではないのですかな。

編集部　在日の詩人であれば、すべて金時鐘のようにはならないわけであって。

鶴見　そうです。ここに孤独があるから。

金　本当に、ありがとうございました。もう、本当に、身に余る。ありがとうございました。

（二〇〇五年三月二日）

岡部伊都子

この半世紀

『おむすびの味』の読者だったころから今日まで、岡部伊都子さんとのおつきあいは、半世紀になる。

著者の岡部さんと出会った一九六〇年のときからかぞえても、四十四年になる。

読者として、最初、私は、この人は、森田たまの味覚随筆のあとをつぐ人だろうと思った。その思いこみははずれた。

岡部さんが感覚のするどいことにはかわりがないが、そのするどい感覚は、日本戦後の状況をつきぬけるはたらきをもつ。戦後の日本が、現在にいたるまで沖縄と日本本土に分断されていることを心においてて、この人は書きつづけている。表面上の法律に眼をまどわされている人は、沖縄と本土の分断は終わったと考えている。この人は、そう考えない。ここに、この人が読まれつづけるもとの力がある。

（二〇〇四年十月七日）

吉川幸次郎

〈対談〉陶淵明そして吉川幸次郎

一海知義
鶴見俊輔

はじめに

一海　本日は対談ということですが、私のほうから最初にちょっとごあいさつをさせていただきたい。

今日は福岡からいらしていただいたらしいんです。昨日は福岡にいらっしゃった。鶴見先生です。わざわざ来ていただいて、どうもありがとうございました。

私が鶴見先生とお会いするのは、これで三回目なんです。私はイッカイですけど（笑）

陶淵明と一海さん

鶴見俊輔

陶淵明の詩には、二〇〇八年現在の世界に適切な方針がある。むずかしい状勢分析ではなく、老人が毎日をどうすごすかという態度についての示唆である。千七百年前の作品が、私たちの今日の日常に示唆を与えるとは、人間はかわらないものだ。彼の詩はおだやかで、私のこれまでの暮らしを大胆にかえる呼びかけでもある。この著作集が、陶淵明注を糸口にして、一海知義さんの仕事の全貌を明かしてくれるのを楽しみにしている。

(『一海知義著作集』推薦文)

サンカイしか会うてないんです。最初は、何年か前に藤原書店の「後藤新平の全仕事」発刊記念行事があった時、たまたま出席しまして、鶴見先生にごあいさつをいたしました。二回目は、去年の暮れでしたか、毎日出版文化賞というのをいただいた時でした。鶴見先生のお父さんの鶴見祐輔さんが、お祖父さんの後藤新平さんの伝記を書かれた。明治時代の文章ですので、漢詩、漢文がいっぱい出てくるのでむずかしい。それを私が校訂、注解して、いまの人にわかりやすく読めるようにするという、その仕事にたいして、毎日出版文化賞をいただいた。その授賞式の時に鶴見先生もいらっしゃっていて、それが二回目で、きょうが三回目なんです。じつは私の下の娘が、昔、もう二十年ぐらい前かと思いますが、東京で『思想の科学』という、鶴見先生がやっておられた雑誌のアルバイト、非常勤の職員でしばらく編集部のお手伝いをしたことがあった。一海というのはけったいな名前ですから、よく憶えていただいていたようなんですが、そういう大変浅い関係であるにもかかわらず、今日は快く対談の場に出ていただいて、どうもありがとうございました。

私は鶴見先生のお書きになったものは、わりに読んでるつもりなんですが、今日はこのたくさんいらっしゃる中のお一人も読んでおられない鶴見先生の本をご紹介します。それは、『悼詞』という題の本です（編集グループSURE編・発行）。今日は十月二十六日で、十一月一日発刊ということですから、まだ本屋に出てない（笑）。私はたまたま手に入れて、それを拝見して、じつにおもしろい、といったら失礼ですけれども、なんと百二十五人の亡くなった人、ほとんど有名人ですが、その人たちの一人一人にたいする先生の追悼文を集めたものなんです。その数にも驚きますけれども、一つ一つの内容が大変濃くておもしろい。今日は重いので持ってこなかったんですけれども、こういうちらしが出てますので、興味ある方はお帰りの時にごらんになってください。

今日、私はまな板の鯉です、ちょっと太った鯉ですけれども（笑）、料理される鯉ですので、鶴見先生にご自由にお話をいただきたいと思います。どうぞよろしくお願いします。

京大人文研での吉川幸次郎との出会い

鶴見　一海先生、おめでとうございます。私は偶然のことから、京都大学の人文科学研究所というところで、もともと東方文化研究所で、漢文を読むことが仕事だった人たちがそこにいたんです。ものすごく漢文ができるんです。そこに囲まれていたので、私はじつは子供の時、漢文を読んでいたんですが、読んだことがあるということをいえなくなっちゃって、京大にいた五年間、黙っていたんです。

いろんなことで学問上のチャンスを失ったと思うんですが、例えば、吉川幸次郎さんが私に、『七つの曖昧』（現在は『曖昧の七つの型』として岩波文庫に収録）という本を読んだけれどもわからないんだというんです。君、ぼくのところに来て講釈してくれないかっていうんです。これはゆっくり後で考えてみると、ものすごい大きなチャンスだったんです。だけど私は、だいたい大学というのに来たことがないんで非常に困っていたわけですから、お断りしたんですが、自分の学問が伸びる最大のチャンスを失ったわけです。

漢字というものは、もともと一字おいただけで意味があるわけで、さまざまの意味が、曖昧さということが、構図が字意の中にあるんです。『七つの曖昧』という本は、著者はウィリアム・エンプソンというイギリス人ですけれども、彼は中国でも講義をしたことがあって、日本にも来たことがあるんです。エンプソンの先生はI・A・リチャーズといって、この人は当時ヴィーン学団の影響を受けていた。一つの言葉には一つの意味をもたせるということで構築していく。ヴィーン学団の中のカルナップというドイツ人は、『世界の論理学的構築』というのを初期に書いた人なんです。リチャーズはその影響を当時は受けていた。

エンプソンはリチャーズの講義を聞きながら、言葉に一つの意味を求めるというやり方にたいして、それではすまないだろうと考えるんです。それで、シェイクスピアだけから用例をずっと引っぱってきて、シェイクスピアのこれ、これ、これと。その中に曖昧というものがどういうふうに生かされているかということを、リチャーズに述べたんです。優れた先生というのは、自分の教えている生徒から学ぶものなんです。で、リチャーズは優れた人です。リチャーズはエンプソンに感化されて、それから言葉にとっての曖昧の意味ということを、自分の体系そのものに取りいれまして、エンプソンに説得されたあとのリチャーズの記号論上の仕事というのは、全部曖昧を中心においているんです。例えば、『レトリックの哲学』なんていうのは、ほとんどが曖昧論なんです。

エンプソンそのものが、シェイクスピアだけから曖昧を引っぱってくるんじゃなくて、中国に行って講義しているんです。中国に行って講義してるときに、日本の海軍が、渡洋爆撃をやって、バンバンと校舎の上から爆弾を落とすんです。エンプソンももちろん人間ですから、そうとうにショックを受けたんですが、踏みとどまってじっとしている。そのことを述べた、自分の詩を書いたんです、英語の詩ですけどね。その中の一行は、the heart of standing is you cannot fly.――うまく訳せないですが、「立っていることの芯にあるものは、自分が飛べないということだ」。これは明らかに彼が教えていた中国での漢文の影響を受けています。英語の中に漢文の影響を持ちこんだ一行なんです。これは大変にうまい英語の詩の一行なんです。the heart of standing is you cannot fly. これはほとんど中国の古典に近いものの言い方ですね。そのエンプソンにリチャーズは学び、中国文化から学び、自分の詩論そのものを変えていったんです。

偶然、私は十八、九の時にリチャーズに教わっているんです。リチャーズの講演の題は、「合わせ鏡で見た孟子」。孟子の「心」という字を講義したんです。中国学者で孟子の専門家に来てもらって、英語でこの心の意味のさまざまの曖昧さを講釈してもらったんです。そうすると、リチャーズは中国語はある程度できるけれども、中国人は英語ができて中国学をやっている学者で、その二つを合わせ鏡にして孟子を読んだらどうなるか。これを講義したんです。それは日中戦争の中で中国を応援するためのジョン・リード記念講座の中の一環です。で、私はその時十八歳で聞いていて、こういうやり方があるのかと思って、またリチャーズを読み、エンプソンを読んだのが、私の十七歳、十八歳、十九歳。なんで十九歳が入っているかというと、私は牢屋に入れられたからで、それで大学は終わっちゃったんです。

それが私の孟子との対面であり、しかしその後に、私ははじめの職場の京都大学人文科学研究所に入ったものだから、気後れして黙っていて、私は英語だけしかできないような顔をして、英語の翻訳を持ってこられて、それをやってたんです、占領下ですから。ですが、じつは私は好んで漢文を読んでいたんです。

人生を導いた陶淵明「帰去来辞」

鶴見　私の部屋に『漢文大系』という本がありまして、私は学校の勉強をしないので、そういうものを非常によく読んだんですが、その中に陶淵明があるんです。十三歳の時です。それは漢文が上にあって、下に日本語、つまり日本の漢文体です。「帰去来辞」というのは陶淵明ですね。それは下のほうを見ると、「帰りなんいざ、田園まさに蕪《あ》れんとす」。これはなかなかいいものなんですね。十三歳の私は明らかにそういう刻印を打たれて、その証拠に、私はその後何回も大学勤めをしますが、数年たつと辞めちゃうんです。

まず、京大に五年いて、その後、東京工大に入って、これが六年、その後、同志社に来て、ここは十年間です。いつでもパッと辞めてるんです。辞めて、もとのところに、「帰りなんいざ、田園まさに蕪れんとす」というのが、じつは残っているんですね。つまり、宮仕えは長くするものじゃない。で、陶淵明自身は帰った。田舎の家に帰って、畑を耕して、近所の人たちと話をする。そういう詩を書いていますね。私は田園も持ってないし、東京生まれですから、辞めたってどこに帰るかというと、自分の心に帰るしかない。自作のいくらかの文章を書いて、それを読んでくれる一人二人の人と、自作のいくつかの文章についてお互いに声を交わすというのが、学校を辞めちゃったあとの私の生涯です。

私は仁者じゃないんですよ。不良少年出身ですから仁者であるわけない。だいたい、私は小学校しか出てないんです。それはなぜかというと、成績が悪いからですが——本当の話ですよ——ビリから六番なんです、卒業成績。大学はアメリカの大学ですが、牢屋に入れても、ハーヴァード大学というのは牢屋の中にちゃんと学位くれるんですよ。ですから私は小学校と大学とは確実に出ています。

そういったようなむちゃくちゃな人生ですが、むちゃくちゃな人生の導きの星になったのが、「帰去来辞」なんです。私は心に帰っただけなんです。自分の心がいくらか通じる一人二人の人が読んでくれて、そして話し合うという状態で、これは健康にいいとみえて、八十六歳、杖をつきながら、私は一海先生より年上なんでしょう。京大歴というもの、一海先生が京大に入られた時、私は京都大学助教授だったんです。だからそういったように、まったくとんでもない暮らしをしているんですが、しかし、陶淵明というのは、あとになってゆっくり読んでみると、田園に帰ってから麦がどのぐらい伸びたかというのを、近所の人たちと話し合いをする、そういう詩を書いているんです。

私は岩倉というところに住んでいますが、近所の人なんだけど、八十六歳以上の人がいくらかいるんですよ。そうすると九十歳九十一歳の人と、わりあいに会う回数が多くなってくるんです。それは一日の行動半径が小さくなれば小さくなるほど、近所を歩いてるから、同じ老人と何度も会う。言葉を交わすようになってから、まさに陶淵明の、田園に帰ってからの晩年の詩に近くなってくるんです。

陶淵明が結んだ縁

鶴見　さらに近くなってくるのは、耄碌《もうろく》してからなんです。七十一歳の時に私は、ああ耄碌したなと思ったんです。けれども、その時は大学を辞めてずいぶんになっていたから、耄碌がそれほど困ることはないんですが、自分で「耄碌帖」というものを書きはじめた。それが第一冊からはじまって、もうすぐ死ぬだろうと思ったら、いま第九冊になっているんです（笑）。その「耄碌帖」を読んでいると、ある意味で陶淵明に近くなってくるんです。陶淵明の晩年の仙境があるでしょう。それからさらに、死んだあとはどうなるか、そういうのが出てきますね。そしてお化けが出てくるんです。言葉の意味というのは、自分の口から出たものや、書いたものも一種のお化けなんです。そのお化けはいろんな意味をもってきて、そのお化けの影というのがまた独立して動きはじめるんです。じつはたくさんの人が読むものというのは、お化けを味わっているんです。

私の親父は一高を首席で出たことを自慢する人物で、まさに私はその逆の暮らしをしているんですけれども、一高寮歌だけが彼の歌える歌だった。一高寮歌の終わりは、「魍魎も影ひそめ金波銀波の海静か」というんですが、金波銀波の前に出てくるのは、きちんと時代を研究していくと、魑魅魍魎という、言葉から出てくるお化けなんです。そしてまたそのお化けの影なんです。それがファーッと出てくる。一高生はその校歌を作ったときに、意味を知らないで作ったと思うんだ。同時代をみたしているお化けが全部消えて、一高生が先に進んで、最後はもう「金波銀波の海静か」になるという、一高生の抱負ですね。俗物的な抱負だと、私は思いますよ。だけど、その中に作詞者である一高生のとらえていないお化けとしての言葉、そしてこのお化けのまた影であるものが跳梁していることの世界というものが、一高生の知らないままに書かれているんです。

私の「耄碌帖」は、その言葉から出てくるお化けを書いているもので、陶淵明の詩全体から見れば、自分が柩の中に入っている、細めに開けてみる世界というのは、自分で見られるわけはないですから、お化けの世界ですね。つまり、そういうものを陶淵明が書いていた。私が現在書いている「耄碌帖」というものも似たようなものなんですね。そうすると、私が読んださまざまの漢詩人の中で、陶淵明はもっとも私に近い人なんです。で、一海先生は、二十代の時に陶淵明というのを、最初の著作にされましたね。そこにある種の縁を感じて、私は今日来たんです。私は大変に一海先生に感謝し、縁を感じています。文学の影響というものは、本当に不思議なものだと思います。おめでとうございます。

「日本語一切禁止」の吉川ゼミ

一海　どうもありがとうございました。陶淵明の話をもっとお聞きしたいんですが、その前にお話の最初に出てきた吉川幸次郎先生、さきほどご紹介した、この『悼詞』という哀悼文を集めた本の中に、これはいろんな人が出てきまして、例えば、ぼくの友人である高橋和巳とか——これは早く亡くなったんですが——、それから法然院の住職であった橋本峰雄さんとか、あるいはフランス文学の桑原武夫先生、それから寿岳文章さんとか、これは当然のことですが、鶴見先生のお姉さんの鶴見和子さん……私も全部は読んでないんですが、そういうたくさんの方に対する追悼文ですから、おもしろいといったら失礼なんですけれども、大変おもしろい。ただその中に、私は見落としているのかもしれんけれども、吉川幸次郎先生のことが書いてないんです。

吉川先生は、私は大学院に入った時、もちろん学部の時も習っていたんですが、大学院に入ったのはたった一人だったんです。京大の中国文学の大学院。その年は大学制度が変わりまして、第一回目の新制大学院だったんですが、入ってみたら学生は私一人なんです。で、先生は二人なんです（笑）。吉川先生と小川環樹先生です。吉川先生のゼミに出てみたら、中国の古典文、漢文で、それをもちろん中国音で読むんです。それはいいんですが、それを現代中国語で翻訳せいと、こういうわけです。それで四苦八苦して翻訳すると、それにたいして質問——質問も中国語なんです。それにたいする答も中国語でないとあかん（笑）。もういっさい教室では日本語を使ってはいけない。一年間それでどんな苦しんだか。あくる年になってやっと高橋和巳君が、これも一人ですけれども、大学院に入ってきて私の苦労は半分になった（笑）。しかし、にもかかわらず、いまだにその恨み骨髄に達しているのが、吉川先生なんですが、吉川先生についてのご印象を聞かせていただきたいなと思います。

学問には興味がない

鶴見　吉川さんは、エンプソンの『七つの曖昧』というのを見つけて、読みたいと思ったんだけど読めない。引用文が全部シェイクスピアなんです。で、私に家庭教師として来てくれというんです。で、これを解読してくれ、と。桑原武夫さんが『論語』という本を書かれたときに、家庭教師に井波律子さんを吉川さんに派遣してもらったでしょう。で、井波さんにいろんな注解を頼んで、それをベースにして「桑原論語」というのは書かれたんです。

だから私は、その時に学者としてのまったく千載一遇の機会を与えられたんですが、結局、私は学問を第一のこととしていない。例えば、「九条の会」みたいなことに熱中するわけで、学問じゃないんですよ。だから熱中するのはそういうタイプのことですね。

戦争中、私は日本海軍のドイツ語の通訳をしていたんです。なんでドイツ語かというと、ハーヴァードに十六から十九までいたわけですが、英語は外国語にならないでしょう。だからドイツ語だけしか知らないから、外国語科目はドイツ語を取った。私のただ一つの理想は、この戦争中に敵を殺さないということなんです。それはもう全力をつくしてやらなければ、やり遂げることはできません。学問なんて問題じゃない。戦後も私としては、全力をつくして当たっているのは、別のことです。それは『思想の科学』の編集とか、いまの「九条を守れ」とかいう運動に重心があるんです。

吉川さんのつくられた機会は、学者としてもし私が生きようとすれば、千載一遇の機会であったことは確かです。私はエンプソンの講釈はできます。エンプソンの先生のリチャーズから直接講義を聞いたんですから。そっちのほうに行けば、学者としては英語と中国語と日本語をまたぐめずらしい問題をつくるきっかけになったんですけれども、つまり学問にある程度の興味しか持ってないという、そういうことですね。で、私は丁重にお断りしたんです。

吉川さんには、その後何度も会ってます。最後に近いのは、私の小学校一年生の時の友だち、終わりまで友だちだったのは永井道雄なんですが、彼が文部大臣になって、辞めた時に、彼は京大出身なんです。で、ごくろうさんという会を京都でやったんです。それははじめの前座的な会は瓢亭《ひょうてい》で、そしてあとの二次会は祇園でやったんです。で、瓢亭に私がまず行くと、吉川さんが一人ですわっていたんです。それで吉川さんはしきりに怒っているんです。江藤淳のことを怒っているんです。つまり、最初に世話になった、近代文学の平野謙のこと、序文までもらっているのを、あとで手を翻したように、今度はそれから離れて、小林秀雄を非常にありがたがって、ああいうのは人間の仁義に欠けるというんです。で、私はその江藤淳の評論は読んでなかったんです。「私は読んでませんよ」といったら、吉川さんがこういうんだ。「あなたは下情に通じてませんな」(笑)。私はそれにびっくりしちゃった。

吉川幸次郎の人を見る目

鶴見　吉川さんというのは、人を見るときに二つのことだけしか見ない。一つは漢文が読めるか、もう一つは人間としての信義を持っているか。ですからなんの党派に属するかなんて考えないんです。だから高橋和巳は全共闘の側について、京大に楯突いたんだけど、そんなことも意に介しない。彼は漢文が読める。で、吉川さん自身との信義において欠けるところはない。そうすると、もう京大なんて辞めて鎌倉に隠遁しているのを、わざわざ引っぱってくるでしょう。それが吉川さんですね。人を見る目に、漢文が読めるかというのがもう（笑）、とっても重要なんだ。

桑原さんが岩村忍を招いた時に、「あれは漢文としては足りない」というんです。ぼくが教えてやりたい、と。岩村忍はカナダのトロントで博士号を取っているんですよ。で、漢文の素材を使ったんだ。だけど、吉川さんから見るとまだまだ漢文の読み方がだめだ、雑だというんです。自分がちゃんと、きちんと教えてやりたいというんだ。岩村忍と私は京大に来たのは、同じ一九四九年です。そんなことをいう人のところに家庭教師として行くのは困るなと思ったんですよ（笑）。

私は吉川さんについては、非常に敬意を持っています。なぜ敬意を持っているかというと、その敬意は一海さんから見れば意外かも知れないけれど、「中国文学史」という一般向きの講演をして、それが本になっているんです。そうすると、『和漢朗詠集』からはじまって、中国の古典を、これも読み違い、これも読み違いと、いちいちペケつけているんです。千年来の人たちに全部ペケつけている。

それでずっと下がってくるんですが、芭蕉の俳句のところへ来ると、芭蕉は杜甫を読めている。杜甫の詩の核心をつかんで、この俳句はできていると。芭蕉は合格なんです（笑）。『和漢朗詠集』以来、みんな罰点なんですよ。私はその『中国文学史』を読んで、これは偉い人だと思った。大きなつかみ方をする。それからさらに漱石まで来るんです。漱石についての評価は、和臭はある、中国人はこういう詩は書かないだろう。和臭はあるけれども、漢詩としてちゃんと核心をつかんでいる、いい漢詩だ、と。

だからずっと日本文学千年史を中国文学の側から見ていて、バッ、バッと平気でつけてきて、芭蕉にいって初めて合格点を出したんだ。そして漱石の漢詩も合格となる。これはやっぱり偉い学者じゃないかなと思いましたね（笑）。ですから、私は吉川さんにたいして非常な敬意を持っています。だけど家庭教師はお断りしました（笑）。

一海　どうもありがとうございました。いろいろお聞きしたいことがいっぱいあって、ちょっと困っているんですが、もう時間がきてしまいました。聞きたかったことは、例えば、全然話は違いますけれども、このあいだ、沢田研二という歌手が、テレビで歌っているのを聞いてましたら、その題が「わが窮状」というんです。で、耳で聞いたら「窮状」イコール「（憲法）九条」なんです。それをここで読み上げたいんですが、時間がないのでやめておきますけれども、鶴見先生は「九条の会」の呼びかけ人ですからね。その「九条の会」のお話も聞きたいし、吉川先生の話も聞きたいし、陶淵明の話の続きも聞きたい。私の著作集の推薦文を書いていただきましたが、失礼ですけれども、鶴見先生は陶淵明の詩の核心をついておられる、その文章に大変感心した。

そういう話もしたいんですけど、残念ながら次の機会ということにさせていただかないといけません。申しわけありませんが、これで終わらせていただきたいと思います。本当に申しわけない、どうもありがとうございました。（拍手）

（二〇〇八年十月二十六日）

小田実

スタイル

小田実が、これから先に、なにを残すか。よくわからないままに、それを考えてゆきたい。

彼は、べ平連という大きな運動をつくった。どの組織を受け継いだのでもなく、どこから資金の調達を受けたのでもなく、壮大な理論体系をつくったのでもなく。

彼は、一九六五年の日本という状況に、彼のスタイルで訴えた。

それは、一九六五年のヴェトナムに対して、アメリカ合衆国が攻撃を仕掛けるという状況、そのアメリカに日本国が協力するという状況に対する彼の姿勢だった。

スタイル、大西洋横断飛行のリンドバーグ。サイレント映画のチャップリン。米国全土、やがて世界に訴えるその二人に似たものを彼はもっていた。日本の近代史の中では、江戸時代の越境者万次郎に似ている。

万次郎は十四歳の漁師として暴風雨で無人島に流され、年寄りの漁師仲間に対して若者の実力によって抜きんで、米国の捕鯨船に拾いあげられてからも、船の仕事を手伝う中で、船長に眼をかけられ、船長の故郷までつれられていった。十四歳だから英語のおぼえは早く、だが、それだけではない。

ニューヘイヴンの実家に彼をつれていったホイットフィールド船長は、日曜日、家族と万次郎を教会につれていった。牧師は、有色人種は教会に入れないと言った。すると船長は、では、私たちは、この教会にくるのをやめると言った。一行は、町内のもうひとつの教会に行き、ここでも入ることを断られ、三つめの教会ではじめて、礼拝を認められた。船長のこの行動は、万次郎に感銘を与えた。

万次郎はふたたび日本をめざし、これから日本に向かう直前に、船長に出した手紙のはじめに「Dear Friend（したしい友よ）」と呼びかける。その呼びかけには、三つめの教会に至るホイットフィールド船長一家と共にした歩行の記憶がこもっている。

これは、現在の日米安保条約の実施形態からかけはなれている。

テレビで、日本の大臣が、米国の国務長官、防衛長官の隣に光栄に顔を紅潮させて立つのを見るとき、私は、万次郎を思う。ホイットフィールド船長について、救い主である彼にひれ伏すことをこの船長が喜ばないことを、万次郎は知っていた。

小田実もまた、そのように、十三歳の彼を圧倒的軍事力によって追いつめた米国、戦後の窮乏にあって食料を与えて生きる条件をととのえた米国に対して、対等の人間として立った。そのスタイルが、ひれ伏す姿勢をとる今の日本政府要人から小田実を区別する。

近代日本の百五十年の中で、私は、万次郎と小田実が、そのように近しい人として立っているのを感じる。

万次郎は当時の日本人の中で図抜けて英語ができた。しかし彼が日本に戻ってから、仮名で書き残した英語の発音は、「猫をキャーと呼ぶ」というふうなもので、今日の日本の中学生におよばない。

小田実は東大卒業、ハーヴァード大学留学だから英語はできたが、彼の数ある著作の中で私は、彼が開高健と共に書いた『世界カタコト辞典』が好きである。この本を支えるのは、今日の世界語は型の崩れた英語であるという信念だ。この本は彼が、現代の万次郎と呼ぶにふさわしい人であることを示す。

（二〇〇七年十一月）

Ⅱ

高野長英

脱走兵援助と高野長英——『評伝 高野長英』新版への序

この本を書いているころ、詩人谷川雁にあった。なにをしているか、ときくので、高野長英の伝記を書いていると答えると、「それは私が先生と呼びたいと思うわずかの人の一人だ」と言う。

彼は、いつもいばっている男だったので、おどろいた。そう言えば、彼の生き方には最後のラボの指揮と外国語教育をふくめて、高野長英の生き方と響きあうところがある。

伝記を書くには、資料だけでなく、動機が必要だ。

私の場合、長いあいだその仕事にかかわっていた脱走兵援助が、一段落ついたことが、この伝記を書く動機となった。

ベトナム戦争から離れた米国人脱走兵をかくまい、日本の各地を移動し、日本人の宗教者がついて「良心的兵役拒否」の証明書つきで米軍基地に戻ることを助けたり、国境を越えて日本の外の国に行くのを助けたりしていた。このあいだに動いた私たちの仲間も多くいたし、かくまう手助けをした人も多くいた。その人たちのあいだに脱走兵の姿はさまざまな形で残っている。

高野長英もまた、幕末における脱走者だった。

彼の動いたあとをまわってみると、かつて長英をかくまったことに誇りをもつ子孫がいる。そのことにおどろいた。それは、長英の血縁につらなることとはちがう、誇りのもちかただった。

こうして重ねた聞き書きが、この本を支える。

私の母は後藤新平の娘であり、水沢の後藤から出ている。そのこととは別に、ベトナム戦争に反対して米軍から離れた青年たちと共にした一九六七年から一九七二年までの年月が、この本の動機をつくった。

もっとさかのぼると、大東亜戦争の中で、海軍軍属としてジャワのバタビア在勤海軍武官府にいて、この戦争から離れたいという願いが強く自分の中にあったこととつながる。

私に与えられた仕事は、敵の読む新聞とおなじものをつくるということで、深夜、ひとりおきて、アメリカ、イギリス、中国、オーストラリア、インドの短波放送をきいてメモをとり、翌朝、海軍事務所に行って、メモをもとに、その日の新聞をつくることだった。私ひとりで書き、私の悪筆を筆生二人がタイプ印刷し、南太平洋各地の海軍部隊に送られた。司令官と参謀だけが読む新聞だった。日本の新聞とラジオの大本営発表によって、艦船の移動をはかることが不利な戦況下で、海軍はそのことを理解していた。

その仕事のあいまに、深夜、部屋の外に出ると、近くの村々からガムランがきこえ、村のざわめきが伝わってきた。戦争からへだたった村の暮らしがうかがえた。軍隊から脱走したいという強い思いが私の中におこった。

とげられなかった夢は、二十年後に、アメリカのはじめたアジアへの、根拠の薄い戦争の中で、その戦争の手助けをする日本国政府の下で、私たちのべ平連（ベトナムに平和を！市民連合）となった。

その間に私を支えた夢が、高野長英伝のもとにある。

この本は、はじめ、朝日新聞社から一九七五年に出版された。そのとき朝日新聞社の川橋啓一氏にお世話になった。小学校卒業の私が、文献と資料をこなすことができたのは、川橋氏のおかげである。

長いあいだ絶版になっていたのを、藤原書店にひろっていただいた。今度は、藤原良雄氏、刈屋琢氏のお世話になった。御礼を申し上げる。

（二〇〇七年十月九日）

曾祖父・安場保和

高野長英、安場保和、後藤新平

高野長英、安場保和、後藤新平は、私と系図上かかわりがあり、おそらく血縁の人でもあるが、今は、系図とも血縁ともかかわりのない横井小楠を頭に置いて、そこから考えてみたい。

一八五三年、黒船がきたとき、小楠は、横暴な君主をしりぞけて自分たちの国をひらいた、そういう国からきた船だ。この考え方は、私たちの儒教とおなじだ。おたがいに、話せばわかるだろうと言ったそうだ。

だから、と彼は言った。私たちは、今までの教え（儒教）を捨てる必要はない。ところが彼は、基督教を日本に入れようと目論んでいる、と言いがかりをつけられて、暗殺された。

小楠の高弟元田永孚が原案を寄草し、時の文部大臣でおなじく熊本藩出身の井上毅の時に発布された教育勅語は、師の横井小楠とはおもむきを異にする。それは、国家の権をにぎるものに、臣としての義務を要請するもので、やがて、昭和の「戦陣訓」では、その論旨がさらに鋭く明白になる。

臣下のもつ主君への諫争の義務は、考慮の外に置かれる。

私の育った時代に、国家社会のために努力してくださいというあいさつを含む手紙を、戦前から戦中にかけてよくもらったもので、そのいやな印象は、敗戦後長くたった現在、もう一度「民主主義」の下によみがえっている。

国家が社会の前からあるという想定が、大学を頂点とした明治初年以来の日本の教育体系をつらぬいて今日に及ぶ。

おたまじゃくしにも、社会はある。どうして、はじめから国家があり、社会の前に置かれるのか？

大正時代の生物学者丘浅次郎の『猿の国から共和国まで』に読みふけった私には、こどものときからのつまづきの石だった。

元田永孚とおなじく小楠門下だった安場保和が、元田のねじまげに抗して元の小楠思想を受けついだとは思われない。また、保和にひきたてられ、娘をめとるに至った後藤新平が、岳父との話をかさねるうちに、国家より広い社会との交流にめざめたとも、言い切れない。

むしろ、状況の強制が後藤に考え方の転換をうながしたのではないか。

投獄による失職は、彼にとって大きな打撃だった。そのあと、児玉源太郎によって、日清戦争後の検疫の責任者に据えられた。三百年来の鎖国のあとに、大量の日本人が海外に出て、帰ってきた。どういう疾病をもって帰ってくるかわからない。

未曾有の経験である。それにわずかの月日をもって、あたらなくてはならない。

後藤新平は、必死の覚悟をもってことにあたった。じゃまするものには、介入をことわった。陸軍内部の人といえどもその意見を排し、自分の決断で押し切った。ことが終わったとき、児玉源太郎は箱いっぱいの抗議文をひとまとめにして後藤に送った。それには陸軍内部の上級職の人びとのものがふくまれていた。ことごとく、後藤の専断を批判したものだったという。

国家の任命によってことをおこなったとはいえ、ここで後藤は、日本国家より広い社会を相手にした。この経験が後藤に、国家内部、官僚界内部の身過ぎ世過ぎから自分をひきはなす糸口をつくった。彼が杖としたのは、自分の身につけた衛生学である。このことが彼に、国家内の命令系統とはちがう、「公」の観念を植えつけた。

彼がやがて、新聞だけを読んで明日のことを考えている政治家、せいぜい雑誌だけを読んで時のうわさを気にしている政治家から自分を区別して、単行本と論文に通じている科学的政治家をめざしたのは、このころからである。

それは、日本国内のことに心を領有されている政治家から自分を区別して、国家の外にある社会、国家をつくりなおす部分社会を視野に置いたということである。

ここまでくると、先考の師、横井小楠とのつながりを求めても、それほど迂遠なことではないだろう。

また、高野長英の見方とのつながりがあるとしても、血縁とは別に、それほど場ちがいではない。

高野長英は、鎖国中の日本で、海外の科学を求めて、わずかに長崎の一角でシーボルトの講筵に連なり、師の独断によって博士号（ドクトル）を授けられて、オランダ語の論文を書いた。獄につながれても屈せず、自分がどうしてとらわれたかを推理して「鳥の鳴く音」という推理論文を書いて外の社会に送り、さらに頼みにまかせて同囚の人びとの恋文を代筆して、獄中にあっていくらかの蓄財をなし得た。その金を与えて同囚に獄に放火させ、獄外に逃れた。ついに再びとらわれて殺されたが、あっぱれな悪党と言ってよい。

その悪党としての力量は、後藤新平の共有するところであったか。

私は後藤新平と、わずかに六歳までの人生を共にしたにすぎない。彼は、

「おじいさんはろうやにはいったことがあるぞ」

と言って、まわりに集めた孫たちをおどろかせていた。外から入ってくるうわさでは、彼は「強盗新兵」と呼ばれているそうだということも、こどもたちの耳に入っていたが、私たち、五、六歳のこどもにとっては、おそろしい祖父ではなかった。

（二〇〇七年四月）

安場咬菜管見

熊本県水俣出身の谷川雁と会ったとき、谷川は、のっけから、
「君のひいじいさんと僕のおおおじさんとは、仲がよかった。横井小楠門下の親友だった」という。熊本に育って、そこから歴史に対すると、そういうふうに見えるのかと、あざやかな印象を受けた。

私のように東京で育っては、そういう発想はむずかしい。私の家は、父方は岡山から、母方は岩手から、母の母は熊本から、というふうに、それぞれに明治に入ってひと旗あげようと集まってきた人びとからなりたっているので、私の代になってはじめて標準語が身についたものになり、それぞれのもとの流れをさかのぼって、岡山、岩手、熊本から明治

の日本がどう見えたかを考えてみるゆとりをもたないで来た。

横井小楠について、それまで私は、幕末から明治初年にかけての先覚者のひとりという以上に、何の考えももたなかった。ここに谷川雁の手引きを得てはじめて私は熊本に行くめぐりあわせとなり、横井小楠の斬奸状《ざんかん》を見ることができた。

横井小楠が暗殺されたのは、明治二（一八六九）年一月五日午後二時すぎのことで、明治政府は、徳川幕府を倒したものの、自分自身がどういう方向にゆくのか、みずから決しかねていた。

暗殺をおこなった六人のもっていた斬奸状には小楠の「これまでの姦計、枚挙にいとまあらず」とあったが、これでは、悪いことをしたから斬ったということで、ぼんやりしていて理由にならない。もうひとつ理由として申したてたのは、「今般夷賊に同心し天主教を海内に蔓延せしめんとす」ということで、それは小楠のよこした書簡を見ても、今日から見て誤解である。

暗殺者を支持する声は、政府内にもあった。

当時弾正台と呼ばれた検察局は、「小楠はヤソ教を信じているから国賊である」という建議を出した。これに対して刑務省は、小楠が国賊であるという証拠を見せてほしいと言った。弾正台は、一〇〇日の猶予を請うて、大巡察古賀十郎が西下して、九月二十八日に熊本に到着した。小楠の刺客は、古賀十郎の同志である。古賀が熊本をたって十月七日に阿蘇神社に参拝すると、大宮司が、一通の文書を見せた。これが、小楠の署名のある「鋒天道覚明論」である。これは神社に投書されていたものであるという。

鋒天道覚明論

（句読点附す）

（肥後藩国事史料　巻十、二〇八頁）

夫《それ》宇宙の間、山川草木人類鳥獣の属ある、猶《なお》人、身体の四支百髄あるか如し。故に宇宙の理を不レ知者は、身に首足の具あるを不レ知に異なることなし。然《さ》れば宇宙ある所の諸万国《こく》皆是一身体而《にして》、無二人我、無二親疎一の理を明にし、内外同一なることを審にすへし。

古より英明の主威徳宇寅に博く、万国帰嚮するに至るものは、其胸襟潤達、物として容れさるはなく、其慈仁化育心。天と異なることなき也。如レ此にして世界の主、蒼生の君と可レ云也。其見小にして一体一物の理を知らさるは、猶《なお》全身痿れて疾痛痾痒を覚らさると同じ。百世の身を終るまで解悟なすこと能はす。亦可レ憐乎。抑我日本之如き頑頓固陋、世々帝王血脈相伝へ、賢愚の差別なく其位を犯し、其国を私して如レ無二忌一。嗚呼、是私心浅見の甚しき可レ勝《たう》二慨嘆一乎。

然るに或云、堂々神州参千年、皇統一系万国に卓絶する国也と。其心実に愚昧、猥《みだ》りに億兆蒼生の上に居る而已《のみ》ならす、僅に三千年なるものを以て無窮とし、後世又如レ此と思ふ。夫人世三千年の如きは、天道一瞬目の如し。焉《いずくん》そ三千年を以て大数となし、又後世無窮と云ふことを得んや。其興廃存亡、人意を以て可二計知一乎。

今日の如きは実に天地開闢《かいびゃく》以来興張の気運なるか故、海外の諸国に於て天理の自然に本つき解悟発明文化の域に至らむとする国不レ少、唯日本一国蕞爾《さいじ》たる孤島に拠りて、帝王不代、汚隆なきの国と思ひ、暴悪愚昧の君と雖とも、堯舜湯武の禅譲放伐を行ふ能はされば、其亡滅を取る必せり。速に固陋積弊の大害を攘除して、天道無窮の大意に本つき、孤見を看破し宇宙第一の国とならむことを欲せすむはあるへからす。如レ此理を推究して遂に大活眼の城に至らしむへし。

丁卯（注・一八六七年）三月　南窓下偶著

小楠

この文章にそえて、今日では実在しないとわかっている長谷信義という人物の署名で、これを勤王の志ある大宮司から巡察司にとどけてくれという手紙がついていたという（畠田真一・今村尚夫「横井小楠の天道覚明論」『思想の科学』一九六二年十二月号）。

谷川雁の手引きで、熊本の執筆者との結びつきを得てつくった『思想の科学』の特集で、私は、偽筆と日本史学者に推定される横井小楠の「天道覚明論」にはじめて出会った。偽書行文は堂々としており、キリスト教を異教として排除してゆくつもりの明治新政府に訴える力をもっている。

ところが、小楠の思想的発展を文書と書簡によってたどると、小楠がキリスト教を奉じたという痕跡はない。最新の松浦玲『横井小楠』増補版（朝日新聞社出版局、二〇〇三年）を見ても、小楠の特色は日本が儒教をもととして開国後の西欧世界に対するという方向を提案した人で、西欧諸国のキリスト教に対して押し負けしない姿勢を示している。儒教にもとづく革命思想を持してヨーロッパ近代の民主主義と対しており、一五〇年をこえて、高峰として現代から見ることができる。

明治初年に明治政府の方針をきめる中枢にあった元田永孚《ながざね》、彼と協力して教育勅語を起草する井上毅は、いずれも、横井小楠の学統に連なる人で、小楠が幕府批判によって同時代の国政を批判する傾向をゆるめるところで、小楠と異なるが、儒学をもととするというところでは、小楠の考え方を新政府の方針に生かした。小楠に従っていた当時の元田永孚は、古賀大巡察使の視察の後に自分の小楠像がかわったことを、元田自身が書いている(「肥後藩国事史料巻十」)。

そのちがいの主なところは、元田永孚、井上毅が、儒学の放伐論をさり、主君の批判を避けるということにある。ここで元田と井上の思想は、君主の言うことなら何でもしたがうという思想となり、師の横井小楠よりも、矮小な骨格をあきらかにする。その一点を問題にしないならば、個人として質素に暮らし、努力を続けるという徳を守る特色としては、小楠から元田永孚、井上毅、安場保和は、儒教の道徳を受けついでいる。

横井小楠は、堯舜《ぎょうしゅん》、孔子の道をすすめることは、西洋器械の術と結びつかないことはないと考えて、そういう意味をこめた漢詩を二人の甥(横井左平太、横井太平)の渡米に際して贈ったくらいだから、英語による学問を門下にすすめていただろう。だが、年長の門下生である安場保和は、英語ができなかった。そのことが、特命全権大使岩倉具視の一行に加わってアメリカに行ってから仲間の前であらわれる仕儀になり、彼は、旅行を途中で打ちきって帰ってきた。

砂糖水（シュガー・ウォーター）をもってくるように給仕にたのんだところ、はいと承知してもってこられたのが葉巻（シガー）とバターだったという一件が彼の帰国のひきがねとなった。

このあとで彼は、英語のできない自分がこの旅行をするのは、税金の無駄づかいであると言って、皆の止めるのをふりはらって、日本に帰ってきた。彼は当時、三十七歳の租税権頭であり、税金の無駄づかいを痛感するのは、当然である（『久米博士九十年回顧録』早稲田大学出版部、一九三四年）。

彼は本来、横井小楠の門下として、開国に際しても、堯舜の道をめざして国政に参画するという理想をかえる必要はないと考えていた青年時代からの姿勢を保っていた。号を咬《こう》菜《さい》としたのは、洪自誠著『菜根譚』の「菜根かみて百事なすべし」からとったもので、自分へのいましめである。そのようにして政府につかえて、ぜいたくな暮らしをおくって後ろ指をさされるようなことなく、官を全うし、その地位を退いてからは山村に閑居して残りの日々をたのしむべきだという、儒教といっても老子、荘子に禅学を混ぜた折衷的な本である。私には何が書いてあるのかよくわからなかったが、家にあった漢英対訳本を手に取るとMeditations of a Vegetarian（菜食主義者の瞑想）と書いてあったので、親しい感じをもつようになった。明末の儒者の著書であり、幕末の日本で修養書として広く読まれたものらしい。明治に入ってからも、書生が急にぜいたくにならないように読んだもので、だから、漢英対訳本が私の家にあったのだろう。安場保和が英語で失敗し、四代あとの私が漢文の原本が理解できなくて、英訳を手がかりとしてようやくおおすじを理解するというのは、へんなめぐりあわせである。

田口卯吉（一八五五―一九〇五）は、幕末から明治への転換期を生きた人であるために、彼の編集した『大日本人名辞典』（一八八七年）は、文章に力点が加わっている。ここから引用すると（句読点とふりがなを加えた）、安場保和の項目は、

> 初め一平と称す。明治元年春、督府出仕、軍事精勤の廉《かど》を以て翌二年慰労金三百円を下賜せられ、同年八月胆沢《いさわ》県大参事となり、

この胆沢県とは、今日の岩手県であり、その大参事となった安場保和は、県庁の給仕と

して、後藤新平（当時十二歳）を雇う。後藤は、賊軍側の伊達藩の支藩である留守家の臣である。父は禄を失っていた。やがて安場のすすめによって、彼は、須賀川医学校に入って医師になるという条件で、学費を世話してもらい、さらに後になって、保和の娘の婿となる。

翌年酒田県大参事に移り、次いで一旦免官の上、熊本県の参事となり、明治四年大蔵大丞租税権頭に任ぜられ、五年一月岩倉大使欧米派遣に際して随行を命ぜられ、五月帰朝し辞職す。

アメリカの学者M・ジャンセンは、岩倉団中ただ一人の失敗者とみるが、この帰国辞職のくだりを、私は、安場保和伝の白眉と思う。このことによって彼は後年現在の経済大国日本の高級官吏たちと型を異にするからだ。

幾《いくば》くなくして福島県令となり、また愛知県令に転じ、地方官会議には幹事たりき。十三年元老院議官に任じ、十四年参事院議官となる。福岡県令となれるは十九年にして、二十五年七月愛知県知事に転任せられ、直ちに之を辞し、次いで勅撰議員となり、二十九年男爵を授けられ、三十年九月北海道長官となり、翌年七月依願免官となる。三十二年五月卒す。死するの日、正三位に叙し、勲一等瑞宝章を授けらる。年六十五。

辞書編集者には、同時代のうわさが集まっており、その集積の上で、安場保和の評価は、よくやめる男であり、そこに彼の特色があった。

私の記憶では、大正末から昭和はじめにかけて、何度も法事があり、麻布三軒家町・桜田町の後藤から谷を越えて、一本松の安場へと、歩いていった。むこうにつくと、安場系の親類のこどもたちがいて、おなじ年配ごとにわかれて遊んだ。大東亜戦争のはじまりまで、その行事がくりかえされた。敗戦のあとは、おたがいの住まいがかわったこともあって、集まりはくりかえされることはなかったが、たまに、親類が大きい単位で集まることがあると、それぞれの家系の特色が感じられた。

安場保雄は海軍中将。戦争のとき、香港攻略の海軍部隊の参謀長として金鵄勲章功一級を受けた人で、その後、艦政本部長をつとめた。敗戦後は、自宅から浜辺に出てドラム缶に海水をくみ、それを燃やして、塩をつくる作業をかさねていた。法事で会っても、よくとおる声であいさつして、暗い感じではなかった。

やがて『週刊新潮』の、ものを求める、あるいはゆずるという欄に、シルクハットを、もう用途がないから、だれかほしい人はいないかという掲示が出ていた。自分がシルクハットをかぶって宮中に出入りすることはもはやないと考えたのだろう。

戦争中、私は結核が方々に出て、武見太郎医師のところに出入りしていたが、そこで女医としての安場登喜子さんに何度か会った。この人は、女子学習院の女学部を卒業して家にいたころ、弟の勉強を見るかたわら、こっそり、女子医専に入学願書を出して、試験にとおり、やがて女医になった。

戦争中、武見太郎は、遠慮なく戦時体制の批判をしていたから、そのような時局観に反対ではなかったのだろう。戦後は共産党の活動に組し、やがてベトナム戦争のころは、ベ平連に組した。偶然、御茶ノ水の駅のプラットフォームで出会い、そういうことをきいた。

私は法事での親族の印象から言って、安場の系統の人々は、地位や名声に執着することのない人だと思っている。それは、かつて安場保和が、岩倉使節団の一員としてアメリカまで同行し、そこで自分の英語が通用しないのを悟り、国民の税金の無駄使いだと言って途中から日本にひきかえしてきた気概に通じる。

福島県令のとき、民権弾圧にまわった人物として描かれているのを、福岡県人杉山泰道《たいどう》、ペンネーム夢野《ゆめの》久作《きゅうさく》の『犬神博士』で読んだことがある。著者杉山泰道は玄洋社ゆかりの杉山茂丸の長男として育ち、子供としてきいたうわさを素材として小説に使った。民権の代表が頭山満であることは、今日意外に感じられるかもしれない。だが、民権・国権が入り乱れていた当時の気分は今日の想像を超えて『犬神博士』によくあらわれている。私の好きな小説である。

後に安場保和の孫娘の夫となった平野義太郎が、頭山満を訪ねて聞き書きをとり、『安場咬菜・父母の追憶』の本の一部分とする。このとき頭山がこころよく聞き書きに応じたのは、彼が、出処進退のあざやかな人として、五〇年後、かつての敵手に好意をもっていたからであろう。

ここから引用しよう。談話の日時は、昭和十二（一九三七）年五月二十五日、午前八時半。場所は青山の頭山邸。

「安場さんは日本一の豪傑政治家だ。剛気の英雄だ。自分が識ったのは、安場さんが福岡の知事のときのことである。

安場さんは非常な清廉潔白の人で日本魂絶対の人だ。無欲淡泊とは、まさにこの人のことである。日本中の豪傑知事といわれたわけは、大久保などの洋行のときの一件でわかる。

そのことは、牧野伸顕から聞いた話だが、牧野はあの大久保の明治六年の洋行の際、十六歳で一所についていったときのことだ。さていよいよ洋行することになってまずアメリカへ行ったのだが、そのときの同行の人々はいずれも取越苦労ばかりしていて、あっちに行ったら、あっちはどういう風に出るだろうか、こっちはどういうことをしようかなどとばかり、取越苦労の物案じの体であったそうな。それで、安場は『なんとつまらぬ奴だろう。こっちはこっちのことをきめて置けば、あっちはあっち、あちらがどうしようと一向構わないではないか。それを、皆が、かれこれと、取越苦労の体で案じるので、気持ちがわるくなる』といって途中から旅行を止めて帰ってしまった。――ここの事情に、安場の日本中の豪傑知事といわれるようになる這般の剛気があらわれている。

安場の剛気は、その清廉潔白、無欲淡泊の精気から出ているから強くて貴い。

その頃何年か知事をしていた奴は、誰も相当の私財を蓄えるのが普通であったが、安場は私心が毛筋一本もなく献身ただ国家に殉じ、一意奉公に邁進して、欲も得もなくむしろ貧乏を貴しとしていた。献身奉公のためのこの貧乏こそどれほど貴いことか。」〔中略〕

「伊藤博文と安場とのあいだの馬関における舟遊びの一件はたいへん有名な話だ。当時、伊藤博文は総理で、安場は福岡県知事であったときのことだ。舟遊びの最中、安場が風上で小便をしたところが、シブキが伊藤にひっかかる。伊藤が安場を見上げて小言をいったので、安場はあべこべに逆捻的な放談揶揄をいいながら、小便をつづけた。

こんなことは、よほどの豪傑でないとやれぬものだ。当時の総理大臣、伊藤にこうしたことをやれたのは安場だけだ。浪人ならば、こんなことでもやりかねないが、役人なのだから偉いのだ。

このような偉さがどこから来るかといえば、安場の無欲淡泊の風格から来ている。」〔中略〕

「古語に、欲なければ即ち功成るということがある。本当に日本一の豪傑も、ここから来ている。安場は欲も得もなく誠あるのみ。つまらぬ人なら何度も大臣になっている。安場はよく伊藤にいったそうだ。俺を大臣にせんかね。やってみるがねと。安場が大臣になったらどんな事でもしたろうと思う。松方のようなグヅとちがって安場はやるときにはやるが、俗物でないから大臣にはならなかった。

何ものも眼中になかった安場もお母さんだけには一目をおいて頭を下げた。秀吉は何事も出来ないことはないと豪語したが、お母さんには頭を地につけた。孝行は秀吉の最も貴いところだ。それとおなじことで、あんな剛気の安場も、お母さんには一目も二目も置いていた。そんなところが本当の英雄だ。」

来客が頻なので、辞そうとすると、頭山翁は大久保と洋行の際に、途中より引返したことをまた繰り返して強調し、玄関まで送って来られ、辞去の挨拶のあいだにも更にこのことを繰り返し「あれが岩倉や伊藤よりも偉かった処だったのだぞ」と、強い調子でまた噛んでふくめるように説きかかして下さった。

（平野義太郎記「頭山満翁の懐旧談」村田保定編『安場咬菜・父母の追憶』安場保健発行、私家本、一九三八年）

話は、だんだん史実から離れてしまう。私は十三歳のころ、家にあった『犬神博士』をおもしろく読んだ。その印象は二〇年たっても心に住みついていて、生きる力となった。雑誌の「推理小説特集」に書くように頼まれたとき、この小説のことを書いてもよいかと念を押して、おなじ作者による『ドグラ・マグラ』、『氷の涯』と並べて『犬神博士』をとりあげた。

そのとき読みなおしてはじめて気がついたのは、『犬神博士』の仇役として登場するのが自分の曾祖父だということである。

モデルとされた安場保和は、いばりやの国権主義者であり、民権派の頭山満と戦って、彼の運動をつぶそうとする。なんでもかでも頭山満ひきいる玄洋社が正しいというたてまえで貫かれている。

主人公の子供は捨て子であり名をチイと言う。彼をさらって養子にした非人夫婦から踊りをしこまれ、街角でわいせつな芸を披露している。そこをみつかって警察につれてゆかれると、やがてその踊りを見せろと県知事の宴会につれてゆかれる。子供は、県知事ともあろうものがこういうフウゾクカイランを見たいのか、いやだと、県知事に対してゆずらない。

この時の睨み合いは、その頃の福岡の新聞に出たそうである。「乞食の子、雷霆子《かみなり》爵を睨み返す」という標題で大評判になったそうであるが、何しろ天下に聞えた癇癪貴族の一と睨みを受け返したものは、福岡県下に吾輩タッタ一人だったというのだから豪気なもんだろう。むろん列席していた連中も、眼の前に意外な情景が展開し初めたので、どうなる事かと手に汗を握ったそうであるが、しかし当の本人の吾輩にとっては左程《さほど》の問題ではなかった。ただ……この知事とか何とかいう禿茶瓶《はげちゃびん》は、よく往来で、吾輩親子の興行を妨害しに来る無頼漢《けだもの》式のスゴイ眼付きをしているが、もしやそんなケダモノ仲間の親方みたいな人間じゃないか知らん。それが、おんなじケダモノ仲間の巡査の親分と棒組《ぼうぐ》んで、吾々親子を取っちめようと企《たく》らんでいるのじゃないか知らん……と疑いながら、ジイッと睨み付けていたのだから、子供ながらも一生懸命の眼付きをしていたに違いないと思う。

ところで、カンシャク知事の禿茶瓶と、踊り子姿の吾輩とがコンナ風にして無言のまま、睨み合いを緊張させて行くと、シイーンとなった座敷の中で、芸者や舞妓の連中が一人一人に居住居《いずまい》を正して行った。トンボ姐《ねえ》さんも片手を支《つ》いて振り返ったまま、呆れたような顔をして吾輩を見上げ初めた。大安座《おおあぐら》を掻《か》いていた大友親分も、急に坐り直しながら、両腕を肩までまくり上げて半身を乗り出しつつ知事と吾輩の顔を互《たがい》違《ちが》いに見比べはじめた。署長が天神髯を掴んだまま固くなった。髯巡査が腕を組んだまま微《かすか》なタメ息を一つした。

一座が又もシイ――ンとなった。

それでも知事の禿茶瓶は、横すじかいに脇息《きょうそく》に凭《もた》れたまま吾輩を睨み付けていた。そこで吾輩も指を啣《くわ》えて突立ったまま負けないように睨み返していたが、そのうちに相手の禿茶瓶が、吾輩を睨み付けたまま豹《ひょう》みたような声を出して、

「ウ――ムムム」

と唸《うな》り出したので流石《さすが》の吾輩も気味が悪くなった。そのままあとじさりをして逃げ出そうか知らんと思った位モノスゴイ唸り声であったが、間もなくその禿茶瓶が二三度ショボショボと瞬《また》きをしてモウ一度、

「フ――ム」

とため息をしたので、吾輩はヤット睨み合いに勝った事を意識してホッとさせられた。

「ウーム。これは面白い児《こ》じゃノウ大友……」

「ハイ。礼儀を弁《わきま》えませんで……甚《はなは》だ……」

と大友親分は如何にも恐縮した恰好になって頭を掻いた。しかし禿茶瓶はまじめ腐った顔付きで頭を左右に振った。

「イヤイヤ礼儀なぞは知らんでもええ。忠孝が第一じゃ。のみならずナカナカ意気の盛んな奴らしい。余《よ》の前に出て怯《ひる》まぬところが頼もしいぞ。ハハハ……」

やがて道で出会った大男（じつは玄洋社巨頭頭山と奈良原至の合体である）と連れだって、子供のチイが知事を旅館に訪ね、

「……チョット用があるので会いに来ました」

知事の額から青筋が次第次第に消え失せて行った。それに連れてカンシャクの余波らしくコメカミをヒクヒク噛《か》み絞《し》めていたが、しまいにはそれすらしなくなって、ただ呆然と吾々二人の異様な姿を見比べるばかりとなった。

楢山社長は半眼に開いた眼でその顔をジッと見上げた。片手で山羊髯を悠々と撫で

上げたり撫で下したりしながら今までよりも一層落ちついた声で言った。

「知事さん」

「…………」

「今福岡県中で一番偉い人は誰な」

「…………」

知事は面喰らったらしく返事をしなかった。又も青筋が額にムラムラと現われて、コメカミがヒクヒクし始めたので、何か云うか知らんと思ったが、間もなくコメカミが動かなくなって、青筋が引込むと同時に、冷たい瀬戸物見たような、白い顔に変って行った。

「誰でもない。アンタじゃろうが……あんたが福岡県中で一番エライ人じゃろうが」

このあたりは、頭山満が、日露戦争前夜に伊藤博文を訪ねて言ったという伝説を、日清戦争前夜の福岡県に移した無茶な話で、
楢山社長の言葉は子供を諭《さと》すように柔和であった。同時にその眼は何ともいえない

和《なご》やかな光りを帯《お》びて来たが、これに対する知事の顔は正反対に険悪になった。知事の威厳を示すべくジッと唇を嚙みながら、恐ろしい眼の光りでハタハタこっちを射はじめた。

しかし楢山社長は一向構わずに相変らず山羊髯を撫で上げ撫で上げ言葉を続けた。

「……なあ。そうじゃろうが。その福岡県中で一番エライ役人のアンタが、警察を使うて、人民の持っとる炭坑の権利をば無償《ただ》で取り上げるような事をば何故《なし》しなさるとかいな」

「黙れ黙れッ」

と知事は又も烈火の如く怒鳴り出した。

「貴様達の知った事ではない。この筑豊の炭田は国家のために入り用なのじゃ」

「ウム。そうじゃろうそうじゃろう。それは解かっとる。日本は近いうちに支那と露西亜《ロシア》ば相手えして戦争せにゃならん。その時に一番大切なものは鉄砲の次に石炭じゃけんなあ」

「…………」

「……しかしなあ……知事さん。その日清戦争は誰が初めよるか知っとんなさるな」

「八釜《やかま》しい。それは帝国の外交方針によって外務省が……」

「アハハハハハハ……」

「何が可笑《おか》しい」

と知事は真青になって睨み付けた。

「アハハハハハ。外務省の通訳どもが戦争し得るもんかい。アハハハ……」

「……そ……それなら誰が戦争するのか」

「私が戦争を初めさせよるとばい」

「ナニ……何と云う」

「現在《いま》朝鮮に行《い》て、支那が戦争せにゃおられんごと混《ま》ぜくり返やしよる連中は、みんな私の乾分《こぶん》の浪人どもですばい。アハハハハハ……」

「……ソ……それが……どうしたと云うのか……ッ」

と知事は少々受太刀の恰好で怒鳴った。しかし楢山社長はイヨイヨ落ち付いて左の肩をユスリ上げただけだった。

「ハハハ……どうもせんがなあ。そげな訳じゃけん、この筑豊の炭坑をば吾々の物にしとけあ、戦争の初まった時い、都合のよかろうと思うとるとたい」

「……バ……馬鹿なッ……この炭坑は国家の力で経営するのじゃ。その方が戦争の際に便利ではないかッ」

「フーン。そうかなあ。しかし日本政府の役人が前掛け当て石炭屋する訳にも行かんじゃろ」

「そ……それは……」

「そうじゃろう……ハハハ。見かけるところ、アンタの周囲《ぐるり》には三角《みすみ》とか岩垣とかいう金持ちの番頭のような奴が、盛んに出たり這入ったりしよるが、あんたはアゲナ奴に炭坑ば取ってやるために、神聖な警察官吏をば使うて、人民の坑区をば只取《ただど》りさせよるとナ」

「……そ……そんな事は……」

「ないじゃろう。アゲナ奴は金儲けのためなら国家の事も何も考えん奴じゃけんなあ。サア戦争チウ時にアヤツ共が算盤《そろばん》ば弾《はじ》いて、石炭ば安う売らんチウタラ、仲い立って世話したアンタは、天子様いドウ云うて申訳しなさるとナ」

「しかし……しかし吾輩は……政府の命令を受けて……」

「……ハハハハハ……そげな子供のような事ば云うもんじゃなか。その政府は今云う三角とか岩垣とかの番頭のような政府じゃなかな。その政府の役人どもはその番頭に追い使わるる手代《てだい》同様のものじゃ。薩州の海軍でも長州の陸軍でも皆金モールの服着た金持のお抱え人足じゃなかな」

「…………」

「ホンナ事い国家のためをば思うて、手弁当の生命《いのち》がけで働きよるたあ、吾々福岡県人バッカリたい。」

田舎のまじめな愛国者が、中央政府の任命を受けた県知事をへこますという筋書きで、これは薩長草莽《そうもう》の志士が中央政府をくつがえして自らが中央政府となったという三〇年ほど前の出来事を背景とし、その記憶が今も生きて九州にある。まだ学歴というものの通用する社会ではない。物語の背景となった一八九〇年代ではもちろんのこと、一九三〇年代に入って日本に超国家主義が盛り上がるとき（この小説の書かれたころ）にもそうだった。

「熟《よう》と考えてみなさい。役人でもアンタは日本国民じゃろうが。吾々の愛国心《まごころ》が解らん筈はなかろうが」

「…………」

知事はいつの間にか腕を組んで、うなだれていた。今までの勇気はどこへやら、県知事の威光も何もスッカリ消え失《うせ》てしまって、如何にも貧乏たらしい田舎爺《おやじ》じみた恰好で、横の金屏風にかけた裾模様の着物と、血だらけの吾輩の姿を見比べたと思うと、一層悄《しょげ》気返ったように頭を下げて行った。

その態度《ようす》を見ると楢山社長は、山羊髯から手を離して膝の上にキチンと置いた。一層物静かな改まった調子で話を進めた。

「私はなあ……この話ばアンタに仕《し》たいばっかりに何度も何度もアンタに会いげ行《い》た。バッテンが貴下《あんた》はいつも居らん居らんちうて会いなさらんじゃったが、そのお蔭でトウトウ此様《こげ》な大喧嘩いなってしもうた。両方とも今停車場の所《とこ》で斬り合いよるげなが、これは要するに要らぬ事じゃ。死んだ奴は犬死にじゃ」

「…………」

「それぱっかりじゃなか。この喧嘩のために直方《のおがた》中は寂《さび》れてしまいよる。これはんなアンタ方役人たちの心得違いから起った事じゃ」

「…………」

「あんた方が役人の威光をば笠に着て、無理な事ば為《し》さいせにゃ、人民も玄洋社も反抗しやせん」

「…………」

「その役人の中《うち》でも一番上のアンタが、ウンと云いさえすりあこの喧嘩はすぐに仕舞える。この子供も熱心にそれを希望しとる」

「ナニ。その子供か……」

と知事は唇を震わしながら顔を上げた。

「そうじゃ。この子供は直方町民の怨《うら》みの声ば小耳に挟《はさ》うで喧嘩のマン中い飛び込うだとばい。生命《いのち》がけで留《と》めようとしてコゲニ血だらけえなっとるとばい」

こうして国民という観念を仲だちとして政府代表の知事は玄洋社の頭山満と手をにぎる。両者を結びつけるのが非人の子供チイである、という日本の全体主義成立の一幕。作者は玄洋社のつきあいの中で育ち、一九三〇年代の現在、日本共産党の農民運動家として下獄保釈・裁判中の青年（紫村一重）を秘書とする。その杉山泰道のつくり話である。少年チイは、自分が杉山茂丸の子供でなかったらという、彼の長年胸にあたためた空想の産物であろう。その中でゆきがかり上仇役をつとめる安場保和の姿があらわれ、これがどの程度史実と合っているかを考証することはしない。というよりも、私にはできない。

このような右翼・左翼の連合ができて日清戦争がおこり、また日露戦争がおこったと信じる人々が北九州にはいた。やがて、大正を経て昭和にはいると、そう信じる人が東京にも出てきた。その人々は漢字は読めても横文字は読めなかった。誠意をもっていても学歴はなかった。この時代にすでに世を去っていた実物の安場保和が、空想小説の中に自分が奇妙なちぎれ雲として活躍することを知ったら、どういう感想をもっただろうか。すでにその孫娘たちは横文字を読み、曾孫のひとりは当時の日本の代表的左翼学者に嫁いでいた。

書き残したことをひとつ。

相馬事件は、元相馬藩の家令の一味が元藩主、今は子爵家の当主を精神錯乱と偽って座敷牢に閉じこめ、毒殺を謀ったと、元藩士錦織剛清《にしごりたけきよ》が訴えた。相馬のお家騒動として、黒岩涙香《るいこう》の『万朝報《よろずちょうほう》』が書きたて、長い年月にわたって騒がれた。この事件で、内務省衛生局長だった後藤新平は、錦織に組して、相馬家の家令を敵にし、相馬家当主をかくまうのを助け、やがて毒殺の疑いが出てから、墓をあばいて証拠を求める計画を応援した。その結果、毒殺の証拠はなく、一転して、後藤側が牢に入れられた。結局は後藤も無罪になるのだが、この一連の事件のため、彼は衛生局長の地位を失った。

後藤新平をこれまで引き立ててきた多くの有力者は、ここで、後藤を見かぎった。気の強い後藤は、ここで自分を見かぎった人々を、自分のほうから見かぎり、彼らとのその後のつきあいは、つめたいものとなった。

この入牢についての後藤新平の結論は、相馬事件によってはじめて法医学が公の場に持ちだされた、そういう結果をもたらしたのだから、相馬事件における自分の行動は意義があった、というものだった。晩年になっても孫に対して自分のかつての入牢をかくすことはなかった。

この間にあって岳父安場保和は、新平を見そこなったなどと言うことはなく、これまでと同様のつきあいをたもつ。このことは、新平の保和に対する信頼を持続させた。

明治社会での位置は、やがて後藤新平の失地回復以後、岳父をしのぐものになるが、自分が現在の位置を得たことを岳父の後援によるものと明らかにし、谷ひとつへだてた安場家に対して感謝の心をあらわすことを彼はやめなかった。それは新平の孫にあたる私に母親がしっかりと植えつけた観念である。


（二〇〇六年四月）

祖父・後藤新平

祖父・後藤新平への想い

記憶の中の後藤新平

私は満六歳まで毎日会っていたわけですけれども、後藤新平の言葉を全然覚えていないんですよ。言葉というのは非常に早く成長するものでしょう。向こうはこちら側に合わせて何か言っていたみたいだとは推定できるんですけれども、彼の言葉を全然覚えていないんです。毎日会ったことは確かで、風貌はちゃんと残っています。私の姉（鶴見和子）は四歳上で、後藤新平が亡くなったときに十歳だったので、言葉を幾らかは覚えていますね。

例えば、後藤が晩年ソ連を訪れたとき、私たちは「薤露《かいろ》の金」というのをもらったそうです。薤露というのは、当時はどういう意味だか全然わからなかったけれども、「薤露行」の薤露で、その当時の漢詩では非常によく使われている熟語なんですね。薤《にら》に宿る露の玉でしょう。二度脳出血に見舞われていたから、ロシアに行ったら、帰ってこられないかもしれない、人生は短いという。それで屋敷内にいる者みんなにお金を渡したらしいんですよ。それに「薤露行」と書いてあるんですね。意外に漢詩が好きで、牢屋に入っても漢詩を書いていたわけだから、やはりそのころの人には漢詩に対する教養があったんでしょうね。

私自身の場合には、彼の風貌をよく覚えていて、子供と一緒にいることは非常に好きだったんですね。それは公共の生活をあきらめたから。だから少年団（ボーイスカウト）が来ることは非常に好きで、少年団が庭で「いやさか、いやさか」と声をあげているのは覚えていますよ。子供と一緒の時間を費やすことを好んで、私は引っ張り出されて自動車の中で写真をとることがあって。そのときこちらが四歳ぐらいですね。そういう接触はあった。だから彼について持っている像は、主としてお袋（後藤の長女、鶴見愛子）を通して、それからわずかに親父（鶴見祐輔）を通してということですね。それから姉を通してという。

親父が残した話の中で一番重要なのは、親父が結婚して後藤の家の中に入っていたわけですが、後藤に何かたのまれて帰ってきて「こういうことを言いつかってやらなければいけない。明日やれば間に合うだろう」と言ったら、お袋の顔色が変わったというんですよ。言いつかったらすぐやらなければいけないと。お袋にとっては恐怖がすぐに浮かぶ。すぐに仕事をやって持っていかないと、完全に怒って、かんしゃくを起こして手がつけられないわけ。親父は、それはびっくりしたんですね、家庭に入ったばかりだから。夜じゅう一生懸命調べて、ちゃんと答を出して、それから行ったんですよ。その話は、割合に特徴的ですね。一分とか二分とか三分の間に、仕事を済まさなければいけないんですよ。だから総理大臣のところに行って、いま帰ったと思ったら、もう一回戻ってくる話があるでしょう。帰る途中の自動車の中で思いつくんですよ。そうするとすぐ、また行くんですね。

それからこれは私自身の記憶だけれども、毎朝ものすごくたくさんの人が来て、向かって右側がアントニン・レイモンドのつくった洋館ですが、そこに集まっている。私の記憶では、毎朝自動車に乗って星製薬の星一が来るんですよ。私は学校に行っていないから家の前で遊んでいると、必ず毎朝、星が来るんですよ。どうして毎朝来るんだろうと。家の洗面所やなんかは星製品で洪水になっている。クレヨンから胃の薬から何から、関連で全部つくるんだから。全部くれるわけ。毎朝、どういう話があったのか。星の息子（星新一）が小説を書くようになってから、幾らかつき合いでそんな話をしたんだけれども。

もう一つ、私は海軍の軍令部で敗戦直前しばらくジャワにいて、帰れなくなって東京の海軍軍令部にいたんですよ。そこに一人、私から見れば老人（村谷壮平。百歳近くまで生きた）がいて、話してくれたことがあって、彼が二十歳のときに朝、後藤のところに行ったんですね。ラジオについてのちょっとした工夫をしたので、それを広めるための相談に行った。だから、無差別に人に会っていたわけです。その二十歳の人というのは、学歴も何もない人だから。ラジオの改良をして、後に英語もできるようになって、船の通信長をやっていて、英語ができるから軍令部の大きな部屋の翻訳の班にいたわけです。それで一緒になったわけですが。このことから見ると、無差別に人が来て、それを受けて話をしていたんですね。

「御親兵一割損」——身内には厳しく

家の配置で思い出すんですけれども、日本ふうの家屋があって、向かって右側に洋館があって、そこにエレベーターがあった。一階から二階に上がるだけですよ。自宅にエレベーターをつけるのはぜいたくではないかという批判があったんです。これは設計をレイモンドに頼んだときに、九十九歳の自分のお母さん（利恵）が生きていたので、彼女が上がれるために設計依頼したんですね。でもできたときは、お母さんはもう死んでいたんです。だからそういう批判があっても黙っていたそうですが、そのエレベーターというのは、我々二歳、三歳の子供の遊び道具でしたね。自分で操って二階まで上がる、また下がる。そういう記憶がありますね。だけど脈絡の中に入れてみると、それは彼が母親に何かしてやりたいと、老後について思ったのでしょう。

その家の配置ですけれども、これは藤森照信氏があの家が解体される前の写真をくれたんですけれども、向かって左側が和風なんですが、右側にとってつけたように、フランク・ロイド・ライトについてきたレイモンドのつくった洋館がある。日本に来て最初につくったものの一つで、レイモンドは自分では「これは不出来だった」と書いているんですよ。そして和風の家の左には北荘というものがあったんです。そこに新平の弟の彦七一家が住んでいました。非常に大きな一家で、子供が五、六人いましたね。我々の住んでいたのは南荘と称する、前庭の逆側にある家でした。

後藤彦七の一家の家計は全部新平が持ったらしいんです。この人は何かの官吏をやったらしいですけど、後藤新平は自分が金の決断ができる位置についてから、弟には自分で何かやる能力はないと思った。その判断は、彼の生涯全部を通して重要な特徴だと思います。身内というのは、何となくよく見えるものでしょう。しかし、自分があとを見るからと言って、強引に官吏の位置を引かせたんです。それでその家を与えて、家計は全部新平が見た。子供たちはなかなか優秀なので、男は附属中学から東大に行っていますね。四男まで覚えています。三男は知恵遅れで、兵隊に行って死にました。その三男を含めていつでも遊んでいたから。その知恵遅れであるという子供に対して、我々の間で全く差別はなかったですね。いい子でした。

新平は、自分の弟がおだてられていろいろな計画に入っていくことを、警戒したんですね。どこの家でもそういうことはある。志賀直哉の『菰野《この》』という作品を読むと、異母弟が右翼政治運動に担がれて、兄である彼は困るんですね。その異母弟の実母も本当にまいっちゃって、その継母と志賀直哉自身とのつき合いがそこで非常に深まるという話ですが。それと似たようなことが起こり得ると思ったんでしょうね。明治はそういうことが起こり得るときだった。だれだれの弟だからというので担がれて、いろいろだます人間はいっぱいいますから、それに引っかかってしまう。それに対して後藤は手を打った。

彼には、スローガンがあったんです。そのときは知らなかったんですけれども、親父の書いた伝記（『正伝　後藤新平』）で読んだんですが、「御親兵一割損」というんです。つまり自分の身内などには、地位を上げるように口ぞえしないというんですね。実は、親父は「御親兵一割損」に引っかかってしまったから、非常に不満だったんです。「君の同級生で、だれが能力があるか」と常に聞かれる。親父自身は一向に高い位置をもらっていないんですよ。たとえば一高の一級上の前田多門は、非常に早く、後藤新平が東京市長のときの助役になって、永田秀次郎とともに重用されますね。大変信頼されていた。だけど親父自身は鉄道省には入ったけれども一向に高い位置は与えられない。一高同級の岩永祐吉は、やはり若くして満洲の駅長になる。田島道治とか、金井清、みんなそれぞれ重用されるんだけれども、鶴見祐輔はだめなんです。表向きは通訳や何かで使われていますけれども、大変な不満をずっと抱いていたと思う。

だけれども、いま本当にカメラをロングディスタンスで引いてみると、新平は偉いやつだったなと思う。親父がとった態度と新平がとった態度は、まさに逆です。親父は身びいきの人だった。新平は「御親兵一割損」を、いつから始めたかわからないけれども、とにかく貫いた。これは実弟の一家全部の面倒を見たこと、知恵遅れの子供も我々の中に混ぜて遊ぶように指示していったこと、そういうことを含めて考えるんです。

新平の長男の長男（新一）、これは昨年（二〇〇三年）死んだんですけれども、彼はそれこそ私が記憶していない以上に、全然記憶していなかった。それで「どうしてあんな大きな家に住んでいたのかな」と言うんです。彼は後藤新平から逃れるために一生を費やした。彼が直系です。私個人の基準から見ればこの後藤新一は非常にえらい男ですよ。伊豆の「ゆうゆうの里」という施設で去年死んだんですけれども、ここはなかなかいいところなんですよ。「この木も庭も、自分のものでないと知っていると、うれしいね」と。それが彼の生涯の満足なんだ。私は自分の一族の中の、非常に優れた人間だと思いますよ。生涯独身で、長野県下茅野《ちの》の農学校の先生をして、自分の退職金で施設に入ったんです。すごく立派な男だと思うんですが。彼はどうしてあんな家に住んでいたんだろうと思っていた。私は幾らか知っているんだけれども。

新平が死んだ後、あの家は長い間売れなかったんですよ。新平が亡くなったときに、跡取りは一蔵（長男）というんですが、現金がないのに大変驚いたんです。土地と家を売るほかなかったんです。ところが、売れないんですよ。一九二九（昭和四）年ですからすぐ恐慌で、売れなくなってしまって、しばらく徳川義親侯に貸して何とかやっていたね。現金がなかったんですよ。現金があるとえらいことになるという新平の自制の念は、いつ生じたかわからないけれども、台湾にいたときにはもう既にあった。ことによるとコレラの検疫のときにそれが生じたのかもしれない。確定はできませんけれども、金をもたないのが生涯の特色です。

妾腹の方がはるかに優秀だった

新平は、男女関係は本当にめちゃめちゃ。明治維新のときに、彼は賊軍ですから何にもなくなってしまって、上に、大参事で安場保和が来るでしょう。その引きを得て保和が知事であった須賀川《すかがわ》医学校に入って、学資を手配してもらって何とか医者になるんですから。安場が恩人なんですけど、その娘をもらったわけですね。すると結婚してすぐ、そこに女の赤ん坊（しず）が届けられてくるんです。妻になったばかりの後藤和子は、それをちゃんと引き受けて、育てるんですからね。海水浴に連れていったりなんかして。私が見たところ、そのおしずさんというのは、私が見た限りではもう断然私のお袋よりも、跡取りの一蔵よりも賢い、即座の知恵のある、仕方話がうまかったね。一蔵も、私のお袋の愛子も、ものすごく話が下手だった。私のお袋は、話は下手でおしゃべりだから、惨憺たるものなんだ。ただ、腕力はあった。だからこの母親に私は叱られて叩かれたりしたので、もう大迷惑で。

おしずさんは、義母の和子によく育てられたらしい。しず子を含めて家内三人の姉弟です。彼女は佐野彪太という精神病の医者の嫁に行って、戦後まで生きていました。本当におもしろい人でした。だけど後藤新平夫人の場合、結婚したらすぐ赤ん坊が来るなどと、いまは考えられないでしょう。それはハリウッド映画の世界だね。よく耐えた。しかも人間の関係から言えば、ほとんど乞食同然の人間を引き上げてくれた恩人の娘が細君になっているんですよ。よくそんなこと、できたね。やはりそこには確かに新平の人間が表れていると思う。

だけど私の偏見に満ちた考え方から言えば、後藤新平の妾腹の方がはるかに優秀な人間を生み出しています。段違いです。おしずさんの子供は佐野碩です。これは日本の歴史を考えてみたら一人の驚くべき人物で、スターリンから追放されても独立のコミューニストであることをやめなかった。彼はいろいろな言語ができたんですが、スペイン語を知らなかったのを、中年になってメキシコに行って自力で〝メキシコの演劇の父〟と言われるところまで行ったんですから。敗戦後といえども断じて日本に帰ってこなかった。日本を信用しないからです。彼の直観は現在の日本から見るとあたっているね。あまり正系の子孫はよくはないというのは、私の偏見に満ちた考え方ですが。ここまで来ると直接の体験に、私個人の偏見で潤色しているところがありますから、まあこの辺で。

二百年の幅で歴史をとらえる

「国家百年の計」というのを日本に当てはめると、いま二〇〇四年ですから、百年前というと一九〇四(明治三十七)年なんですね。一九〇四年というのはなかなか有望な年なんですが、一年遅れると一九〇五年になって、その辺から日本の自尊心が肥大して、いまの日本の原型になるわけです。だから百年にこだわらずに、私はむしろ日本の歴史で言えば二百年で考えれば随分視野が広がると思います。二百年というと、明治国家の前でしょう。そこまで考えなければ。

私の非常に古い友達で、もう死んでしまった社会学者のマリオン・リーヴィの考え方では、吉宗の時代に変化があったというんですよ。彼は、元々家族社会学だったたんですが、吉宗の時代、一七〇〇年代から養子が非常に多くなった。商人でも侍でも。ことに天文方や何か、技術の人は、自分の子供に数学の才能がなければ家が断絶するから非常に困る。だから、それができる人を養子にした。しかも養子にすると、形式があるからあまりぎくしゃくしないの。今日養子に来た自分があしたの朝、お母さんに会ったときに何と言うかというと、これは熊倉功夫の説だけれども、全然迷うことはない。「おはようございます」と言えばいいわけ。つまり、形式があるわけなんですよ。だからそういうようにリーヴィは全く形からいって、瀧川政次郎とか、本庄栄治郎とか、堀江保蔵に聞いて歩いて、吉宗のときに養子がいたるところで出てきたという仮説をつくるんです。ですから変化は、吉宗の時代から。つまり養子を重んじる、それがずっとあって。蘭学もまさにそれだと。

蘭学は、日本国家全部を相手にして、自分を守らなければいけないでしょう。だからできない子がいたら困るわけですよ。水沢に、ほんの小さな家があるんですよ。佐々木といったと思うけれども、岡山まで来て乞食同然になって門前で倒れていた佐々木高之助を養子にしたのが、蘭学の箕作阮甫の家なんですよ。箕作の家で佐々木に自分の娘を娶らせて箕作省吾となり『坤輿図識』という世界地図全七巻をつくる。それが明治になって華族制度ができると、男爵になるのはその養子の子です。

箕作というのは、養子のほうにものすごい人材が出ているんですよ。いまも活躍している人がいる。自分の家の前で、行き倒れになったような有望な人間を、実子を差し置いてあととりとする、それが男爵なんですよ。そういうところに、精神があるんですね。

だから日本では、「国家社会」という中に詐術が含まれているんですよ。社会から国家をつくるわけで、国家から社会をつくるというのは幻想です。私は、日本の知識人はみんなその幻想の中で育っていると思う。知識人というのは、日本の場合国家がつくったんです。東大だって、国家ができてからのものです。しかし、最も若いアメリカをとっても、ハーヴァードは一六三六年創立ですよ。アメリカ建国は一七七六年。こんなに違いがあるんですよ。だから古い射程から見る。あるいは、イギリスのオクスフォード、ケンブリッジ、イタリアだったらもっとはっきりする。そういうところから知識人というのが出てくるので。日本の場合国家につくられた知識人だから、国家が決めたことを代弁するように初めからなっているんですよ。だからウィルソンとか何とか言ったって、また戦争になれば天皇万歳になるようになっているんですよ。だからどうしても二百年まで持っていくと、違ってくるんです。

後藤新平は、留守家という一万石の、戦国時代からの留守家家臣団ですよね。後藤の家は一〇石ぐらいだから、自分の給料で食えるような人ではないんですよ。白米食えなかったと思います。糅飯《かてめし》だったと思う。結構その家臣団の中では身分が高いのよ、あれ。中小姓なんだ。割合に身分が高くても、手習いを教えるアルバイトをやらなければ食えない。百姓仕事もやって炊き込み御飯で食っていた。それでも、身分が高い方ですよ、もっと下がいるんだから。部下を養わなければならない、賊軍だから。賊軍だと言ったって、伊達に対して大した帰属感は持っていないわけね。もう留守は伊達に改姓しているんだけど。維新後とにかく何も収入がない。そこから新天下を見るわけ。そうしたら、昭和の感覚と違うんですよ。

「衛生」はパブリックである

衛生をとってみましょう。衛生は村全体、県全体が巻き込まれてしまう。ずっと日本は鎖国しているわけだから、外国からコレラとか何とか来ると、大変なことになるわけだ。大体、江戸末期から。これに立ち向かうのは衛生でしょう。衛生から見ると、もう賊軍、官軍はないんだ。

だから後藤新平がたまたま手にして、これと思って力石みたいにずっと支えた衛生。著作のタイトルには国家と冠がつくけれども(『国家衛生原理』)、それは賊軍、官軍の区別を超えたところに根がありますよ――偶然安場保和が出てきたために超えられたんだけど。つまり国家社会じゃない、社会なんです。衛生というのは言いかえればパブリック(公共)ということですよ。パブリックだという考え方は、精神分析的に言えば、やはり賊軍としての出生と文無しの乞食の少年だったという経験と結びついて出てきていると思う。それが偶然、児玉源太郎が登用してくれたことで、検疫の長になるわけでしょう。そこで活かされて、台湾でも、となってくるわけね。だから賊軍、官軍の区別を超える体験が幼いころにあって、そこに全生涯の根があった。エリクソンのように『若きルーテル』とか、『ガンジーの真理』とかいうふうな仕方で後藤新平に精神分析の目を向ければ、そこのところに衛生の概念が非常に強く、医学を超えて社会に政策として出ていく可能性があった。

公共というのは、その政策は主として国家が担う。だけど国家に任せると、そこで長になった人たちは自分の立場、利益でやるからすき間ができてくる。だからパブリックという考え方に合わないわけでしょう。

彼は民権運動になんてあまり興味を持っていなかった。デモクラシーにそんなに興味を持っていなかった。興味はなかったけれども、国家が薩長のえこひいきでつくられていて、公共のことを考える能力はないことはわかっている。そうすると、そのすき間をどうやるかを彼は考えて、自分がやると。自分より上の権力を持っている人間で、目の覚めた人間がいると思ったし、不思議なことに実際にそういうコネをつかんだんですよ。児玉源太郎はそうだし、伊藤博文との「厳島夜話」ってあるでしょう。一晩で国策全部を上下対等で論じるなんていう機会は、いまの日本にはないと思いますよ。明治なかばまでは上の人にそういう人間がまだ何人かいたし、彼はそういう人間と出会う運に恵まれた。だから彼は、児玉と同じ旅館に泊まったときに、隣の部屋で下僕のように仕えたという。それは、上官だから下僕のように仕えたのではない。彼は自分の上司でも嫌と思う人とは完全に手を切ってしまう。長与専斎との関係なんかそうですが。

後藤新平にはイデオロギーがなかった

後藤新平には、イデオロギーという考えがないんですよ。イデオロギーというのは割合に日本に早く入って、明治半ばにヨーロッパ思想を入れたときから、ヨーロッパの左、右とかイデオロギーの考え方は非常に強くて、知識人になる人間は大体イデオロギーが入って区分けされてしまう。ところが後藤には、イデオロギーというのはわからなかったと思うんです。彼の「公共」という考え方は、イデオロギーのすき間にあるんですよ。つまり左の人間だって右の人間だってコレラで死ぬのだから、両方をどうしたら助けることができるのかという問題は、イデオロギーを超えてしまう。だから、後藤新平は子供のときに賊軍の側に立って放り出されたということがあって、それが公共という考えの起源なんです。それはそれでしっかりと七〇年走り切ったという感じはするんです。

イデオロギーの働きが弱いのが、めずらしいなと思ったのはシベリア出兵のときですよ。あれは生涯の大失敗だと思うんです。どう考えてみても失敗で、その責任は後藤新平個人に帰せられるんです。ロシアに行った駐露大使の内田康哉が、「赤軍は人民の信頼を受けている」という電報を打っているんですね。それを押し切ってしまって、外務大臣としてシベリア出兵に強引に持っていくわけでしょう。最後まで反対したのは、石橋湛山ぐらい。後藤はそれで大失敗をやる。アメリカ、イギリスの信頼も失ってしまう。

そのときに、失敗に気がつくのも早いんだよ。イデオロギーがないから、固執しないいんだ。イデオロギーがあれば固執するなり、最後まで頑張るけれども、固執しない。自分が今度は責任をもって、赤色政権のヨッフェを呼ぶでしょう。暴力団に家に攻め入られて、後藤新平の息子（一蔵）が腕を折っている。

それで、親父（鶴見祐輔）は後藤邸内の南荘から出てくるんだけれども、遅れるんですよ。私は親父をななめに見るから、そこに親父のためらいを感じるのだけど。木刀持っていくんだけど間に合わなくて。そこで、とにかく家まで踏み入れられる。それでいろいろなビラも書かれるし。だけどヨッフェを自分の責任で呼ぶんですからね。熱海で会談して、温泉療法なんかして。のちに自分がロシアに行ったとき、すでに死んでいるヨッフェの墓まで行ってお参りしていますね。あくまでも個人の信義であって、イデオロギーは抜けているんです。最後、二度脳溢血をやった後だけど、その「薤露《かいろ》の金」をみんなに渡して、ロシアに行ってスターリンと会うでしょう。これはロシアと日本の国交を回復する、もともとの「厳島夜話」の争点にはこたえています。イデオロギーがないから、初めは赤軍をやっつけて、沿海州はいろいろなことができるじゃないかと思ってやるんだけども、失敗すると今度は赤軍もいいところあるじゃないかと逆に乗りかえる。ああいう無節操は、イデオロギーという考え方があった後の日本の知識人には思いつかない。「川の中で馬を乗りかえる」というけれども、あんな無茶なことをよくできるね。

後藤にイデオロギーがなかったということは、かなり重要だと思います。つまり江戸時代の儒学で言うと、儒学もとんでもない朱子学風のイデオロギーがあるけれども、そちらとは無縁なんです。彼は漢文がかなりできたんだけれども、詩や何かをつくるときは、引いているのは『荘子』なんですよ。監獄に入ったときの詩を一つ持っているんだけれども、それはもう、『荘子』の「胡蝶の夢」だね。蝶はどういうふうに飛ぶかなんてことも前もって考えなくていいから気楽でいいという、そういう獄中の詩ですが。朱子学なんかとおよそ無縁な。だからイデオロギーという考え方は朱子学として確かに江戸時代にもあったけれども、その系統に後藤は行かない。日本に明治から大学ができてイデオロギーが入るけれども、それとも関係がない。名もない須賀川医学校。

大学教育を受けた人間から言えば、初めにシベリア出兵なんか強引にやっておいて、後でよくヨッフェなんか呼んでやれるなと。バカと違うかと思うんですよ、大学教育を受けた人間から言えば。だけれども元々そういう無節操は、明治以前から賊軍の子として育ったという、そのときからある。私は、シベリア出兵というのは生涯最大の汚点だと思います。人を実に殺しているし、無益なことをやった。それからぽんと飛ぶという無節操。

宮本百合子の『二つの庭』に、中条の父につれられて百合子が後藤新平を訪ねてくる話が出てくるんですすよ。非常に共感の気分が流れている。つまり百合子のお父さんもテクノクラート、技術者でしょう。そういう意味で未来を考える、非常にさわやかな気分を感じたと言っています。それで、新平は百合子がロシアを訪ねるため、パスポートがとれるように便宜を図ると。それで自分の孫（佐野碩）もそういうふうに、いまラディカルな人間として生きていると誇らしげに語るところが『二つの庭』に出てくる。だからシベリア出兵をやったのも、共産主義に反対だというイデオロギーは持っていないんだよ。そういうのは、大学教育を受けた人間にとっては非常に理解しにくいと思う。

原敬と後藤新平

『原敬日記』に、後藤新平が出てくるんですよ。原は後藤を非常に馬鹿にしています。後藤が会いに来て、次の総理大臣が自分に舞い込んでくると思っていろいろな話をするけれども、笑止千万という評価です。要するに、そんなあけっ広げなことをしていたら政権は絶対にとれないということです。要所、要所にちゃんとくさびを打っていかなければできない世界なんですよ。これはまさに原敬自身がそうやっているわけですからね。黙ってひそかに作戦を練り、隠密裏に実行することこそが、原の真骨頂なわけですから。自分の敵か友かも判然としない人の所にやって来て、こんなぶち明けた話をするのはどうかと思うと、ちゃんと『原敬日記』に書いてあるんですよ。これを言いかえれば、総理大臣の地位に上っていったい何をすべきかということは、原にとっては少なくとも第一の関心事ではなかったわけです。これは後藤との政治的姿勢をわける点でとても重大なことだと思うんですよ。

私は一九〇五(明治三十八)年が境目だと思うんだけれども、いまも同じパターンだと思っています。日本も国連に入って、安保理常任理事国になりたいと、これはいつでも出てくるでしょう。でも、なって何をするかが全然議論にならない。そういうことを考えないんだよ、あそこの議事堂に入った人間は。それは子供のときからそうなんです。何とかして一高に入りたい、東大に入りたい。ではそれから何をやるんだ、……全然ない。もう小学校一年のときからそうなっている。あれでは、もうだめだよ。全然未来に希望はない。

原敬と後藤新平とに、共通点が一つあります。二人ともものすごく演説が下手だったんだ。原敬は立ち上がって何も言えなくなってしまって、「今日はよくいらっしゃいました」

ぐらいですよ。とうとう演説をしたことがない。後藤新平は、レコードで残っているのを聞いても、ものすごく下手です。だけど結構、今のこのぐらいの少人数の場だったら座持ちできたんです。我々子供はいつでも呼ばれているでしょう。子供は、あまりおもしろくないから飽きてしまって、離れてしまうんですよ。だけど、とにかく彼は子供を尊重していましたね。上に立ってしゃべるのではなくて、いつでも同じ目線でやっていた。ボーイスカウトに対しても、我々に対してもその態度だった。だからとにかく演説はものすごく下手だったけれども、日常的に対すると愛嬌もあるし、信義もある。彼のモットーは「子供を先生とする」ということでしょう。だから子供を敬って教えてもらうという態度なんですよ。それがあったので、写真は随分子供と一緒に撮りたがっていましたね。

それで、私は後藤新平の妾腹の方の子供と、現在親しくしているんですよ。河崎武蔵という人ですが、それは、ものすごくえらい男で、戦争のときに自分一人で朝鮮を横断して帰ってきて、戦後はアスピリンの日本の総支配人で、実力がものすごくあるんですよ。こどものころ彼は京都の方の家に預けられていて、そこにときどき後藤新平が来たんで、変なやつだなと思っていた。その男はムサシという名前なんで、変な名前をつけられたなと。つまり後藤新平を自分の親父だと思っていないの。変な名前をつけた、全く迷惑だと、後藤新平が来たときにそう言っていると、後藤新平は「変な名前じゃないよ。ムサシというのは、電報を打ってもすぐわかるだろう」と。電報なんだ。確かに新しい物好きだから、ラジオとか電報とかみんな好きだからそうなったんだったろうと思った。長じてから調べてみると、そうじゃない。彼は後藤新平が六十四歳のときの子供で、だからムサシなんだとわかった。

だからラジオ（現在のＮＨＫ）の初代総裁になるでしょう。ああいうことが好きなんだよ。つまり、技術的にものを考えることに未来があると信じているわけですよ。それは、イデオロギーを超えるから。超党派的に人間に利益をもたらすという考え方です。

（二〇〇四年三月六日）

祖父・後藤新平について

後藤新平の言葉は、父母姉から

小学校に行くまで六年の間、私は後藤新平とほとんど毎日会っていたんですが、彼が何を話してくれたのか、その言葉は何も残っていません。何も。風貌とか、近いところに座っていて顔つきや何かは大変はっきり覚えているんですが。後になって、永田秀次郎という人の回想録を読んでいたら、ああ、これだと思ったんですよ。永田秀次郎という人は、後藤新平の後で東京市長をやった人です。彼はこういうふうに聞いたというんです。「後藤さん、あなたは子供に好かれていますが、どうしてですか。何かコツがあるんですか。子供を友達と思っておられるのですか」、そうすると後藤新平が「そんなことはないよ。友達などといっても、子供は僕のような年寄りを友達とは思ってくれないよ」。「ではどうしてですか」というと「僕は子供を自分の先生と思って話しているんだよ」というんです。上から話しかけられたことがないんです。ほとんど毎日会うんですけれどね。上から子供に教えるのではなくて、子供の言うことを聞いて、子供の話題に沿って話していたんですね。ところが子供は、小さいときの言葉を脱ぎ捨ててしまうんです。だから後藤新平と何を話したかなんて、全然覚えていないんです。そのために、後藤新平の言葉は全部間接に母親から、父親から、姉からということになります。これは、私の情報源がそうだったということです。

二番目は、私の母は後藤新平が心の底で理想としていたものを、暴力によって私に押しつけた人だったんです。生まれたときから私は、そのおふくろの教えることに承服しかねました。例えば「うちは貧乏だ」と言うんですよ。ところが今も残っている家で、今朝行ってみたんですけれども、前の五分の四は現在も残っている中国大使館です。後ろの五分の一は、表札をゆっくり見てみるとイスラム教会になっていました。元々はサウジアラビアの大使館です。その二つ合わせた家の中に住んでいたんですから、これが貧乏だってどういうことですか（笑）。三歳になったらわかりますよ、私は。三歳で、私はおふくろよりはるかに知能があったと思っています。要するにおふくろは暴力で私を縛るわけです。蹴ったり、殴ったり、そういうことですね。ダビデとゴリアテみたいな、そういう関係なんです（笑）。おふくろが私に押しつけようとした理想は、後藤新平が持っている理想とほぼ同じなんです。後藤新平も、貧乏でありたいと思っていたんです。

主観においては貧乏であって、子供を貧乏の中で育てたいと思っているんですよ。後藤新平の内部にそういう理想があった。だからその上部構造、家と土地以外は、金を蓄えなかったんです。だから彼が死んだとき、跡取りは非常に困ったんです。こんなに現金がないと思わなかったんだ。家を売らないと金ができないでしょう。売るのに、ものすごく困ったんですよ。あんなもの、買ってくれる人はいないんですよ。結局何かのってをもって一年間か、もうちょっとかな、徳川義親侯（植物学者、貴族院議員）に貸したんです。それで幾らか現金のさやで何とかつないだんですね。しまいに満州国が買ってくれて、母にのこされた後ろの部分は戦後になってサウジアラビア大使館が買ってくれたんです。後藤新平の二人の子供には、金銭は渡っていません。生存中正力（松太郎）に渡した金も、後藤新平は借りたんです。

「愉快、愉快、愉快、明治の御世」

もう一つ。私の母は、ちょうど小学校一年ぐらいのころ後藤新平に呼び寄せられて、いとこ（安場富美子）と「歌を歌え」と言われるんですよ。一年生だけど歌える歌ですね。二人をこうやって前に立たせて「愉快、愉快、愉快、明治の御世」という、その前は忘れましたが。これは私のおふくろが死んだときに、遺されたいとこが弔辞に書いてきて読んだんです。とても愉快だったんでしょう。つまり彼は賊軍ですから家禄十石もとられてしまったので、本当の乞食。それが引き立てられてこんなになって。無邪気なものですよ。出発は貧乏書生だった。大した学校は出ていないんですよ。こんなところ（東大）なんて、断じて出ていません。彼は須賀川医学校（現・福島県立医科大学）という、皆さん名前も知らない学校。それで、彼は明治の御世になって引き立てられた。そのことを愉快に感じていた。爵位をもらった、これもとても愉快。勲章をもらったのも一々喜んでいるんですよ。だけどそれは自分が優れているからもらったのであって、自分の子ども、自分の親族、そういう者が優れているとは限らない。そういう者をあまり大したやつではないと思うと、官吏やっていてもやめさせてしまう。家の中に別の家をつくって、金をやって置いておくんです。自分以外の子供に勲章が行くなんてことは、全然考えない。私のおやじ（鶴見祐輔）はこういうことを言うんです。「おじいさんは、自分をどんなにえらい人だと思っていたんだろうね」、ほとんど嘆き節だな。彼による『後藤新平伝』というでかい四冊の本が出ていますが（『正伝 後藤新平』として藤原書店から刊行）、後ろにそういう嘆き節があったことを覚えていただきたい。つまり彼は一高一番なんだけれども、後藤新平はろくなポストをくれなかったんだと。それが後藤の倫理なんです。

彼は長州閥、鹿児島閥に生まれついたわけではなく、賊軍の末に生まれた。それも伊達みたいな大きな賊軍ではない、その中の小さい小さい部分で留守という、一万石なんですよ。身分は高いけれども中小姓ぐらいで、白米を食えなかったと思います。ダイコンをまぜてカラメシとして食っていた。うちでも百姓もやっていたし。後藤新平は、仕事によって地位にありついた。仕事を認められた明治は、ありがたい。そういう気分があって、小学校一年生を前に置いて、何度も何度も同じ歌を歌わせているんです。

後藤一族の秘話

私の姉（鶴見和子）は、私より四歳上なんですよ。なぜ彼女がここに現れていないかというと、脳出血で倒れて車いすで私のいる京都の方に来てしまったものですから。ただ、四歳上ですから言葉が幾らか入っているんですね。彼女を通して後藤新平の言葉として聞いたことは、覚えています。しかも今から四—五年前に電話で老人施設から私に教えてくれたことがある。

どういうわけだか私が三歳ぐらいのときに、あの家、今もあるわけですが、そこを出て、谷を隔てて向こうに更科というそば屋があるんですよ。そば屋の隣の、何か二間ぐらいしかない部屋に移ったんです。三歳の私にとってものすごく愉快だったんですよ。紙芝居が見られるし。「黄金バット」なんて、そこでやっているんだから。非常な開放感があって、私にとっては愉快だったですよ。なぜそういう仕儀になったかということを、私の姉が教えてくれたんです。

新平の細君というのは、早く死んでしまったんです。これもなかなかえらい人ですよ。

というのは、結婚したらすぐに赤ん坊が連れられてきて、これはあなたの子供です、育ててくださいと。それを平気で育てているんだから、やはり明治の女はえらいですよ。私はえらいと思うけれども。大正になって跡取りの息子が怒ってしまってね、新平氏を張り倒してしまったんですね。ばんと。新平は張り倒されたことなんてないから、大変に怒って廃嫡するというわけです。そういうときにおふくろは、ゼロ歳のときから私をぶん殴ったりひっぱたいたり蹴ったりしていた、それと同じようにかっとなるんですね。おやじといえどもかっと怒っちゃってね、「そういうことは許されません」と。つまり後藤新平が、初めて私と同じ立場に立ったんですよ（笑）。

毎日、そんなことをがんがんやられると、ぐあいが悪いんですよ。夫人は死んでいますが、うちにおめかけさんを入れていて、そのおめかけさんの子供も置いているんだけれども、それこそいろいろな官吏が来たときに対応してもらうわけにいかないでしょう。正力だって何だって、みんな私のおふくろが対応した。だからそこで自分の娘にいつでも怒っていられると、新平としては非常に困るんです。それで、ついに譲ってしまったんです。廃嫡をやめたんです。そのかわりに逼塞という言葉が昔はあったんですね。谷の向こうのそば屋の隣に住むことになった。

私のおふくろはものすごく強い人なんですよ。ぶっ殺されるかと思うぐらいに、もう苦しい、苦しい、私は地獄の中の暮らしだったんだ。それから数年たつと、私のおふくろの説得についに効があらわれて、そば屋の二階に私の家の方が入ることになったんです。家の入れかえをやってしまったんです。長男は、私の今まで住んでいた家に戻ってきた。その事情は、つい四―五年前に老人施設から電話で聞いて、なるほど、そうだったのかと思いました。

私がこの席に呼ばれたのは系図上の位置からです。それ以外何にもない。系図の上で直系の孫がいます。新平の息子は一蔵というんですが、その長男は後藤新一といって、長野県の農業高校の教師として生涯を生きて、退職金で老人施設に入ったんです。私は、彼のところによく会いに行きましたよ。私は親類の中で最も偉大な人間だと、率直に言って私は後藤新平よりえらい人間だと思っています。彼はだんだんに調子が悪くなって終わりが近いと思うんだけど、景色を見ながら「この木にしても石にしても、自分のものではないと思うと楽しいね」と言ったんですよ。これは名言ですよ。そういうところまで来ているんですね。環境保全の運動と反戦平和の運動と、彼がやったことは農業学校をやめてからはそれだけです。

系図上のほかの子供は、おもしろいひとがいるんですよ。静の長男佐野碩なんかとてもおもしろい演劇運動をやったし、もう一人、河﨑武蔵は敗戦のときに八路軍と戦ったんです。ものすごく勇気のある人間です。それから一人分かれて捕虜になってしまったんですが、捕虜の監視役の日本人（判沢弘）ととても仲良くなってしまって、ある日、中国人の監視役もついているんだけれどもそれがちょっと目配せするんです。これは危ない、きょうは殺されるんじゃないかと。彼は隊長ですからね。ずっと、歩いていった。ことによると職務によって自分が後ろから撃たれるかと思ったんだって。それで終わりのところまで来たら縁の下に隠れて、金だけは幾らか持っているものだから、軍隊の隊を率いているわけですから、夜中に鴨緑江を渡って。夜中に監視しているから、ぱっと鉄砲の弾が。これはだめだと思ってあきらめて。今度は昼間にこっそり越えたんです。それから朝鮮半島をまっすぐにずっと歩いて、日本に一人で帰ってきたんですよ。日本に帰ってきてからも大変おもしろい生涯で、アスピリンの日本の会社の総支配人になったんです。だから傍系には大変おもしろい人が日本国じゅうにいっぱいいるに違いない。

ですがそれよりもっと広げて、十河信二にしても正力松太郎にしても、そういう人たち全部を子供や孫として考える視点が必要なんじゃないでしょうか。それで、川上武という、これは医者で医学史もやるんですが、彼が言うには、後藤新平というのはイソモルフ、異種同型で形だけで見れば国崎定洞（社会医学者・社会運動家。スターリン時代のソ連で処刑）に似ているというんです。国崎定洞はこの東大の助教授だったんですがずっと抜け出してソ連の方に行って、ソ連で怪しまれて捕まって、スターリンの粛清にかかって、獄死したんです。やはりやり方としてみたら、形としては非常に国崎定洞に似ている。それだけの気骨を持っていたことは確かですね。

後藤とロシアの関わり

彼は大正末に二度脳溢血をやって、もう自分は総理大臣になるのはだめだと思ってあきらめてしまったんですよ。その後少年団（現在のボーイスカウト）とか「政治の倫理化」とかをする。少年団も、子供が好きで、子供が先生と思っているから喜んでやったんです。それを政治的に利用しようということはない。

ただ、ソビエトの関係で一遍挫折しますね。それはシベリア出兵を外務大臣としてただ一人で決定しているんですから、これは間違いですよ。元々あの人にはイデオロギーという考えがない。まずいと思ったら今度は自分で責任を持って赤色ロシアの代表を日本に呼んで、いろいろ下ごしらえをして。今度は冬、伸ばすと脳溢血で倒れるかもしれないでしょう。冬のロシアに自分で行くんです。そのときは、死ぬと覚悟していたんですね。それで、家の中の文字を読める程度の人に「韮露《かいろ》の金」と称してずっと渡した。私は文字を読める段階になっていなかったのでもらっていない。私の姉はもらっているが、カイロの金というのは、何だかわからないんですよ。これも自分が脳出血で施設に入ってからわかった。それは漢の田漢の死をいたんで門人のつくった「韮露行」という挽歌があって、人生なんて短くて、韮《にら》にしばらく宿る露に過ぎないと。もう自分が死ぬかもしれませんから、幾ばくかの金を一人一人にやったんですよ。ところが彼は死なないで帰ってきて、もう少し持つんですけれどね。とにかくロシアに行ってスターリンと話をして、日露交渉の下ごしらえをするんです。これが、わずか一〇年足らず前に赤色ロシアに自分で決めて出兵して戦った同じ人間なんですよ。これは、支離滅裂じゃないですか。偶然彼は東大など出ていないのでイデオロギーというものを知らないんだ。

だから、彼は日露戦争の後にすぐ、いま負けなかったロシアとすぐに手を結ばなければいけないと直観を持ったんです。そして偶然宮島に伊藤博文がいたので、伊藤博文のところに行ってそれを説いた。自分の宿にかえった。すると夜中に戸をたたくやつがいて、何だと思ったら伊藤博文がもう一遍来たんです。身分が違うからみすぼらしいほどの宿屋に伊藤博文が来たんですね。「もう一遍聞かせてくれ」と。要点は、いま負けないで済んだんだから、ここで日露が手を結ぶ。伊藤博文はその考えを受け入れて、ロシアとの交渉に向かって安重根に殺された。そのときに伊藤博文は「おれを殺して、ばかなやつだ」と言って死んでいるんですよ。

自分が伊藤博文を殺したんじゃないかという自責の念があって、彼は後で赤色ロシアのヨッフェを呼ぶのと、さらに自分で行ってスターリンと交渉する。このときに、ヨッフェの墓に参ったそうですね。こういうのは講談の「清水次郎長談」とか、ああいうのと同じですよ。イデオロギーなんてものではないんです。マルクス主義なんてもの、そんなものわかっちゃいないですよ。ただ、自分の孫がマルクス主義者として大正時代、女装して逃げ回っていたんですからね、おもしろいじゃないですか。そういうことをとても喜んでいた。それで、私はただ一人先生がいるんだけど、都留重人。都留重人が旧制高校で捕まったときに、お巡りさんが言ったんだって。「だめじゃないか、すぐに捕まってしまって。佐野碩だったら、便所に入ったらすぐに女になって出てきたり、いろいろなことやったたんだぞ」と言ってしかられたそうだ。やはりそういう精神が後藤新平にあったことは確かです。それだけです。

牢屋は一種の学校だった

とにかく後藤新平はきわめてとりとめのない人で、矛盾したことを平気で言っている人なんですよ。最初に牢屋に入ったときが大変に大きいと思います。牢屋というのは、一種の学校なんです。入ったときに、結構メモをして詩を書いているんですね。平仄が合っているかどうか私はよくわからないですが、ぽかっと荘子を思い出して、荘子は胡蝶を夢見て、自分が胡蝶なのか荘子なのかわからない。結局人生なんていうのはどちらがどちらかわからないので、計画どおりにはゆかないというんです。ですから先の先まで考える必要はないと。彼は、その後わずか二〇年ほどたたないうちに鉄道大臣になっているでしょう。本当に矛盾しているんだ。プログラムなんてどうでもいいという詩を書いているんですから。なかなかおもしろい詩なんですよ。私は現に持っているんです、そいつを。

シベリア出兵をやった人間がどうしてヨッフェを自分の責任で呼んだのか。これは大学の試験みたいにして考えると、そういうやつは落第でしょう。けれども彼は何とかそれでやってきているところが、明治時代の大きなゆとりなんですね。そういうゆとりを我らはこれからつくれるのか。そのことが問題だと思います。我々はもう一度幕末、つまり黒船以後の五〇年という大きなゆとりを、支離滅裂でも何でもいいからとりかえすという、そういう時代を我々は持つのかどうか。それは疑わしいと思います。

牢屋は学校だったんですよ。陸奥宗光は偉大な政治家なんですが、牢屋に入っていたんです。田中正造も偉大な運動家ですが、幕末から明治にかけて牢屋に入っていたんです。意外なことを牢屋では学びますよ。私は三カ月牢屋に入った。ハーヴァード大学というのは二年半行っていたんですが、大学では到底学べないことを牢屋で学びましたね。殺人犯と一対一で話をするなんてことはあり得ないもの。殺人犯というのは意外に人間がいいんですよ。それは十九歳の私にとって大変に重大な経験でした。だから、もっと社会全体が学校になるようなことを考えていかないといけないんじゃないですか。敗戦のときに無着成恭は子供に学んだでしょう。ああいうやり方。無着さんは今もそれを通しているわけですが。何かプロジェクトにお金をたくさん入れるとノーベル賞があと三〇人できるなんて、そんな文部大臣がいては困りますよ。それはイソモルフで考えると、スロットマシーンに百円入れるとチューイングガムが出てくる。それと学者の養成を同じように考えるのでは困るじゃないですか。私はわずか三カ月しか牢屋に入っていませんが、入った者として、かなり有益な教育を受けたことだけは申し上げます。

（二〇〇四年十一月二十三日）

後藤新平の自治の理想

明治以前に育った人は、殿様やお姫様は別として、自分で自分の世話ができたようである。だから、人の世話もできた。

後藤新平は、十石取りの家の子だから、もちろんできた。

明治後期になっても、児玉源太郎とおなじ旅館に泊まるときには、まめまめしくつかえたという。位階の序列によって、そのようなつかえかたをしたのではない。彼の先輩に無礼なふるまいをしたことは、しばしばあるようだ。

自分の身近にいる若い者に対しては、自分が長上につかえるようにつかえることを求めた。娘である愛子は、夫が夜、お父さんにこれこれの仕事を片付けておくように言われたとのんびり話すので、顔色をかえて、今すぐやってくださいと言ったという。おなじ邸内で、新平の隣に住んでいたころの話である。

孫に対しては、そういうふうではなかった。車座にすわらせ、こどもに話をさせてよくきいた。

こどもを先生とする、という態度だった。

それは、血のつながった幼児に対してだけではなかった。

晩年に団長になった少年団のこどもたちに対してもそうだったと思う。ジャンボリーのあるとき、全国から集まった少年たちが、「いやさか、いやさか」と叫ぶ声がきこえてきたが、命令によって歌わせられるというふうではなかった。団長としてよろこんでいた、その様子が少年たちをひきつけたのだと思う。

身内の成人に対しては、厳しかった。実弟が官吏だったのをやめさせ、生活費を保証して、自分の邸内に住まわせ、いさかいをおこして自分の跡取り息子を邸から追放し、自分の婿（私の父）には、誰が級友の中で有能かをたずねては、その級友を登用して、婿のほうを高い位置にあげなかった。

十五歳で元服した後の年齢の者は、自分自身に厳しくするという考えから、自治を説いたのだろう。

私の母は、生まれたときから私をぶったりたたいたりで、今日だったら警察が介入すると思われるほどだった。そのため私はマゾヒストとして成長し、私の思想流派はなによりもまずマゾヒズムである。それは、私の母が自分の父から受けた期待に沿って成長したからだと思う。

伝記を通して見ると、新平は、わいろをとることなく、身内を登用することがなかった。自分に近づく若い者（元服を終えた者）に対して、自分が十代、二十代にそうであったような、自治と献身を要求した。

その彼の姿を、六歳までの自分の経験として知ることはもちろんできなかった。母親から受けた絶えざる自分の苦痛から、推定するばかりである。

新平は、自分の母親に対しては、よくつかえたようである。桜田町の自邸に、百歳近い老母のためのエレベーターを設置したのは、その家が完成する前に母親が亡くなったので、無用のぜいたくだと陰口をきかれたが、これはまったく彼の実現できなかった孝行の所産である。

二度の脳出血の後、彼が中央政界をあきらめて、少年団の育成に力をそそいだのは、若い世代の中に自治の習慣が育つことを望んだからだろう。

（二〇〇九年三月）

父・鶴見祐輔

大臣より上の父の仕事

『正伝　後藤新平』の文体

父がその岳父後藤新平の伝記を書いたころ、私は小学校五年生で、家は青山五丁目にあった。

父は、日比谷公園の市政会館に出てゆき、夕刻家にもどって、夕食を家族とともにした。「後藤新平伯伝記編纂会」の名入りの大きな封筒に入った肉筆原稿をもってかえってきたことがあり、今、思うと井口一郎執筆だった。

父のもと原稿の執筆者には、井口一郎だけでなく瀧川政次郎、平野義太郎がおり、どういう部分をこの人たちに託していたのか、私は知らない。これらの人たちは、昭和八年、それぞれが受難の時期にあり、おなじく失脚の時期にあった父にとって、共感をもてる人びとだった。

当日の井口一郎筆の原稿は、私にとって、読みにくいものだった。達筆であり、その点では読みとれる文字だったが、文体が、私の読みなれている、父の書いてきた史伝にくらべて読みにくかった。学者の文章だった。現在のこっている『正伝 後藤新平』の文体ではない。

父の雄弁と芝居がかりの能力

父は、一高弁論部のころからつけていた反省ノート（現在も憲政資料室にのこっているはず）によると、自分の演説を骨子だけでなく全文書いており、その習慣は、晩年までひきつがれていた。それを鏡の前で暗唱してみて、「日本海海戦の回顧」のときだったと思うが、感きわまって落涙しているところを姪の静枝にからかわれている。そのくだりを加藤静枝（通称シヅエ。父の長姉の長女）の自伝で読んだことがある。

雄弁は長年の努力であり、それを息子の私におしみなくさずけた。さずけようとした。私の小学校五年の秋の学芸会で、「勝海舟の一生」という紙芝居を全校生徒の前でしたことがあった。絵は二部四組同クラス男生徒二一人で、それぞれ絵を描き、その前で、弁士五人がひとりずつ、説明をすることになった。同じクラスの永井道雄は一年生秋の学芸会で全校生徒八〇〇人の前にたってたじろぐことなく、薩英戦争に出てゆく少年鼓笛隊の東郷平八郎について演説して全校をおどろかした、きわめつきの雄弁家である。そのときは、父永井柳太郎ではなく、母永井次代が監督して形をつくったとあとできいた。それから四年たって、五年生のときにも、永井道雄は弁士五人のうちのひとりだった。

私にわりあてられたのは、勝海舟が咸臨丸《かんりんまる》艦長として米国にむかい、太平洋で船よいにくるしむくだりである。

「あらしになりました」

という一行に、ななめに右手をふりおろして風景を一転させ、——このくだりは、演説のとき上級生の批判をかい、あいつなまいきだからなぐるという、六年生のおどしのもとになった。しばらくは、学校のかえりはひとりにならないように私は注意した。

そういう経緯もあって、父が、芝居がかりの能力をもっていることを身近に知っていた。

黒岩涙香の深い演劇的能力

父より一世代前の黒岩涙香《るいこう》は、さらに深く演劇的能力をそなえていた。明治はじめに英語と日本語のへだたりを飛びこえるには、自分が異国人の身になって演じる力が、さらに必要だっただろう。土佐から出て大阪で語学校に入った涙香は、マサチューセッツ工科大学出身の団琢磨に英語の手ほどきを受け、東京に出て福沢の慶應義塾に身をおくころには、ひとかどの自由民権の少年弁士だった。黒田清隆誣告《ぶこく》の罪を得て横浜の監獄に下され、もっこかつぎの囚人労働を経て、釈放されてからは、翻訳をもってたち、涙香の翻訳ものの連載によって一つの新聞（政治上の活動を旨とする小新聞）がおこるという時代をもたらした。彼の手法は、まず気に入った小説を読み、気に入ればそれからは自分の腹から流れいずるせりふによって、日本語の一冊長篇となることもある。『巌窟王』『鉄仮面』も、このようにして日本の大衆におくられた。

文筆家としての父の手法

父は、一高、東大、鉄道省官吏を経て、おくれて文筆業にはいるが、涙香の二三年後輩にあたる。彼は一日すわりきりで、自分専用の原稿用紙（二〇〇字）七〇枚書いた。その間、書きあぐねて、休んで考えていることはなく、机に向かって書きつづけた。筆痙にかかってしばらく休筆することはあったが。

一冊の本を出版社と契約するとき、すでに彼は種本を一つにしぼっていた。『バイロン』は、英訳本アンドレ・モーロワのバイロン伝。『ビスマルク』は、英訳本エミール・ルトヴィヒのビスマルク伝。『ディズレーリ』は、英国人リットン・ストレイチーの『クイーン・ヴィクトリア』。しかし、ストレイチーの英国人らしい皮肉なユーモアが、父にのりうつることはなかった。原本への書きこみを見ても、よく全巻読んでいることはわかるが、ストレイチーの父親（陸軍中将で、この人自身がヴィクトリア朝の名士）に対する違和感が私の父のものになることはなかった。

東京市再設計の助言者として米国人チャールズ・A・ビアードを岳父におしたという縁もあって、父自身が米国在住のときビアードの家に出入りする機会が多く、ビアードから英語の手本として『モーリー全集』をおくられた。父は忠実にこれを読んではいたが、たとえばバイロンをとってみても、モーリーのバイロン伝からの影響はない。後年私は、この全集の中の、モーリーのルソー伝、モーリーのディドロ伝を読んで、益するところがあった。そのとき、モーリーの史伝から父の文体に流れているものが少ないことを感じた。

大臣より上の仕事

父の著作の中で、『正伝 後藤新平』については、私はひとつの種本を確定することができない。父の史伝の中で、この本は、彼自身の書きおろしである。おしゃれの後藤新平が、自宅によんで頭を刈ってもらっていた小川理髪師は、岳父の死後になって父の家に来ていて、父は彼にむかって、『正伝 後藤新平』の完成は、大臣になるよりは上のこととして自慢していたが、不孝者の息子である私から見ると、それは父の負け惜しみのように感じられた。しかし、この負け惜しみは父の自己評価として、あたっていた。（二〇〇七年六月）

父の民間外交

私の父、鶴見祐輔の民間外交は、一九二四年、米国の国会を通った排日移民法に反対して、米国各地で米国人を相手に演説したことにある。

この努力は、米国二百年の歴史の中で、非米国人のなしとげた重要な活動だった。

私は、姉とともにオーストラリアにつれていってもらったとき、英語を話す聴衆を前に、彼が英語で演説するのをきいたことがある。一九三七年。

日本のある農民が自分のもつ畑の数をかぞえていて、もう一つあったはずだとくりかえしかぞえ、やがて気がつく。自分の立っている畑地をかぞえ忘れていたのだった。

ここで笑い。英語で演説をして笑いをとることができるのに、誇りをもった。そのころ私は英語をわかっていなかったから感心したのかもしれない。

だが、姉と私が米国留学から一九四二年八月の交換船で帰国した後、父は私たち姉弟に、自分の英語の発音を直してくれとたのみ、英語の本の輪読会を、家の者が寝静まってから開いた。このときわかったことだが、父の発音は岡山一中、第一高等学校、東大法学部ととおってくるあいだに培われたもので、その後に米国滞在があってもその発音の性格はかわらない。たとえばnが二つ並んでいるconnectionをコンネクションと発音する。

彼の言うところによると、彼が親しく行き来するようになったC・A・ビアード博士のところで松本重治とともによばれたことがあり、松本（エール大学出身）にくらべて父の発音が日本風を抜け出していないのはなぜかと尋ねられ、父はこう答えたという。松本は銀の匙を口に含んで生まれて育ったのに対して、自分は貧しさの中で育った。そのせいであると。

それでも、たとえばオーストラリアの聴衆にわかったのは、彼の演説が一高弁論部と東大緑会で鍛えられた度胸と雄弁術に支えられていたからで、流れをつくると、その流れによって聴衆を魅了することができた。それは今日、能・狂言が米国の舞台で通るようなものである。彼が十九歳から二十四歳まで、学生界の人気弁士であったことが米国に渡ってからその演説を英語においてさえ支えた。

それだけとは言えない。彼が鉄道省官吏になってから、役所の許可を得て、新渡戸稲造の鞄持ちとなって米国を旅行し、新渡戸の英語演説を現場で学んだ経験が、米国人相手の演説の習得にあずかって力があった。彼の演説旅行は、恩師新渡戸と相い似たかたちの先行きを迎える。

新渡戸の死後も彼は一度ならず日本国の中国侵略を米国で弁護し、それは彼の心中に後悔を残した。新渡戸の場合、そのカナダにおける客死のもととなったと、父は自宅で私たちに述べた。父の日米外交活動において意義のあった排日移民法反対も、やがて日本の侵略擁護のわだちに入り、彼として不本意な終わりを迎えた。

このように彼の民間外交は失敗に終わった。しかし、北米各地の演説を自由な民間人として続けたことは、今日から見て、米国に向かって正しい方針を指さしていたと私は思う。父の活動の最も優れた側面に、今回、上品和馬氏が光を当てて下さったことを光栄に思う。

（二〇一一年五月）

姉・鶴見和子

弟の眼

鶴見和子の生涯にひとすじとおるもの、それは父への忠誠である。

一九四一年十二月八日（アメリカでは七日）に日米開戦、その明くる年の一九四二年六月十日ニューヨークから交換船が出た。和子は、それにのっていないと思っていたが、私がその船にのると、おなじ船にのっていたのでおどろいた。（私は留置場から捕虜収容所に移され、そこから交換船にのったので、外の社会の情報からきりはなされていた。）

アメリカ留学のはじめから、和子は、ニューディールの時代の大学の気分の中にいて、マルクス主義をまなんだ。そのころの友だちで、トム・ペリーとクレア・ペリーのように、その後、アカ狩の中で迫害にたえ、カナダに移住した人たちもいる。すばらしい人たちで、トムは、ハンティントン氏舞踏病研究者として日本の国際会議に来たことがある。敗戦後の占領改革は、この時代に学生だったニューディーラーの理念が日本において実ったものだ。

この空気の中でヴァッサー女子大で修士をとり、コロンビア大学で博士号前期試験に合格し、さらに博士論文を書くところまで進むつもりだった。戦争によって日本の家から送金の道をたたれたことは完全奨学金《フル・スカラシップ》で大学の学費も生活費もまかなっている彼女にはさまたげにならなかった。ところが、彼女は交換船にのって日本にかえることをえらんだ。それは、代議士で戦争に協力する立場にある父を苦しめたくなかったからであり、他に理由を見つけることができない。

和子は戦中は、病気療養中の母にかわって家を守り、父の主宰する太平洋協会のアメリカ分室にかよって学問をつづけた。室長は坂西志保、同僚に都留重人、清水幾太郎、細入藤太郎、福田恆存、阿部行蔵がいて、戦時中とはいえ、同僚との会話から得るところは多かった。協会の同僚で津田塾の元同級生金子民子の紹介で東大の丸山眞男に会う機会をあたえられ、文理大での武谷三男の講義をきき、渡辺慧夫人ヒルデからドイツ語を学んだ。都留、丸山、武谷、渡辺は、敗戦後の『思想の科学』の顔ぶれである。

女であるからという理由もあるが、渡米以来のマルクス主義を彼女は、かえることなく戦後に入った。戦後はしばらく父の家からはなれて下宿し、民主主義科学者協会と『思想の科学』とをよりどころとして研究をつづけ、やがて困難な事情のために、マルクス主義の立場を離れた。彼女が、マルクス主義の立場からプラグマティズム（とくにデューイ）を批判することをやめて、デューイの見なおしにおもむくのはその後しばらくたってからである。

マルクス主義の立場からプラグマティズムの立場に移る両時期をつらぬいて彼女がおしすすめるのが、大人の生活綴方運動であり、この運動への参加は、生涯を通してかわらない。

やがて彼女は肺結核になり、療養の時代をおくる。父の家にもどり、一度中断したアメリカでの勉強をふたたびとりあげる。そのきっかけになったのは、イギリス人R・P・ドーアがカナダでおこなった日系移民の調査に助手としてくわわったことと、日本に来て「徳川時代の社会構造」の研究をしたアメリカ人マリオン・リーヴィの助手をつとめたことであり、この二人がたがいにちがう学風をもつ人でありながら、ともに社会学者であったことが、和子に、社会学をフィールド・ワークから修得する結果をもたらした。やがて一九六二年プリンストン大学に留学し（このときもフル・スカラシップ）首席で社会学博士となる。この間、トロント大学とブリティッシュ・コロンビア大学で客員教授として講義し、やがて日本の学界にむかえられて、はじめは成蹊大学助教授、のちに上智大学教授をつとめた。

一九五九年に父は脳軟化症になり、それから十四年間ねたきりの生活に入った。その十四年間、和子はもとの家を売り、新しい土地に家を求めて父の借財を整理し、長い介護の体制をつくり、現金の不足するときには自分のかせぎによっておぎなって、父の安楽を保証した。父は失語症になって、発語できなかったが、判断ははっきりしており、社会情勢についても通訳者がいれば自分の考えをのべることができた。その十四年間、彼の明るい表情、人生に積極的にたちむかう姿勢は、父の生涯のかがやかしい年月だった。同時に、父を支えつづけた和子の活動もまた、彼女の人生のかがやかしい年月だった。この十四年間、父の政治思想は和子の政治思想と同一のものにかわった。

彼女はなまがきを食べない。それは彼女が十歳のころ父がかきにあたって苦しんだことへの恐怖が彼女の中に生きつづけているからで、そのように感覚をつらぬいて父は彼女の中にはたらきつづけた。

和子が私にどれほどのささえとなったかを、付録として述べたいが、紙数がつきた。みじかく箇条書きにすると、

①彼女が間に入ることなしには、母は私を自殺においこんだと思う。

②日米開戦後、私がＦＢＩにとらえられたとき、書きかけの論文をニューヨークで（私は東ボストン留置場）タイピストにたのんで清書し、ハーヴァード大学に提出し、それ故私は獄中三カ月のあいだに卒業することができた。

③私は体がよわいという思い込みを彼女はもっており、戦後でさえも、身のまわりの世話をしてくれた。

女学者は、家事が下手だという俗説が日本に流布しているが、彼女は、料理がうまく、洗濯掃除なんでもこなし、とくに引っ越しの設計に天分を発揮する。幸田文原作、市川崑演出の映画『おとうと』を見て、私は、涙をおさえることができなかった。私もまた不良少年であることで生涯を終ったかもしれないが、その期間にさえ、姉の庇護の下にあったことを忘れることはできない。

（一九九九年一月）

葬送の記

鶴見和子は、自分が死んだら海へ、と遺言した。

姉の死後、京都ゆうゆうの里で葬式を終えてから、葬送の自由をすすめる会のお世話を受けて、十月二十三日、和歌山港に遺族五名が集まり、葬送の会からの二名とともに紀伊水道に向かった。

和子は、南方熊楠の研究をしており、熊楠ゆかりの神島の近くに散骨することを望んでいた。

当日は雨。

天候にさまたげられることは、数日前からあやぶまれていたが、予定の所についたころには、さまたげというほどのことはなかった。

広い見晴らしがあり、遺灰とともに、さまざまの色あいの花びらを撒くことができた。

あたりを一巡し、花びらにとりまかれた葬送の場所をたしかめた。

私たち遺族五人にとって、はじめての経験であり、儀式であった。

八十年あまりを、ともに生きた私にとって、心に残る終わりであった。

儀式を領導された葬送の会世話役の方がたに感謝します。

人間の葬儀は、やがてこの方向に向かうものと信じます。

鶴見和子個人にもどって考えると、和歌をつくる人として、『古今集』仮名序に紀貫之がのべたように、和歌を支えるものみなの生命に自分も流れ入る儀式であった。アニミズムを自分の哲学として選んだ人にふさわしい。

（二〇〇六年十二月）

鶴見和子の「詩学」

皆さん、よく来てくださいました。和子さんは私より四つ年上でした。私がゼロ歳の時から、私を助けてくれました。われわれには腕力の強い母親がいて、私を殴り、柱に縛り、蹴飛ばしたりしました。その時、姉は身を挺して母と私とのあいだに割って入り、母を妨げて――というのは理屈をいっても聞かないんですから、私の母親は――、母親を妨げてくれました。不思議に母は姉を殴ったり蹴ったりしませんでした。それは姉が子供の時から美人だったからではないかと思います（笑）。

姉は亡くなる直前に、私に向かって、「あなたは私を一生ばかにしていたんでしょう」といいました。私は黙っていましたが、それはどの教室でも優等生にたいして劣等生がもつ気分であって、統計上の事実です(笑)。

その統計を離れて、鶴見和子自身の一生を見ると、それは八十年に近い前半生と、十年を越える後半生に分かれると思います。前の八十年は世のしきたりにしたがって努力する道すじで、後の十年は長い前半生の実績、蓄積から養分を汲み取って表現する活動でした。こういう生涯の形はめずらしいと私は思います。

脳出血で倒れてからの十一年、姉の暮らしは和歌中心になりました。そして、噴きだしてきた歌によって、これまでの自分の学問が再編成されていきました。彼女の社会学もそうですし、水俣の経験もそうです。彼女の「詩学」が、彼女の学問を引っ張っていく力になったのです。こうしたことは、日本の学問の歴史にはめずらしい、また日本を超えて、学問の世界全般においても、めずらしいことではないかと思います。

きょうは皆さん、よく来てくださいました。生き残ったきょうだいのひとりとして、また親族のひとりとして、お礼を申し上げます。

鶴見和子の晩年の仕事は、藤原書店社長藤原良雄さんの力なくしてはありえませんでした。藤原さんと藤原書店の皆さんに御礼を申し上げます。ありがとうございます。

（二〇〇六年十一月二十日）

最終歌集『山姥』に寄せて

数日前、京都大学名誉教授（と書くといやがられるかもしれないが）の松尾尊兊氏から電話があって、図書館でおもしろい本を見つけたからと、今日、自転車でそれを私の家まで届けてこられた。

井上準之助編『太平洋問題』（日本評論社、昭和二年十二月刊）。この本をお借りすることができて、私は、鶴見和子最終歌集へのあとがきを書きはじめることができる。

というのは、私の両親が、姉と私とを伯父夫妻にあずけてハワイに行った年が特定できるからである。一九二七年七月、和子九歳、私が五歳の時だった。

いま残っている和子のおそらく最初の文章は、このとき、母親にむかって書いた、弟が言うことをきかなくて困るというしらせである。

九歳の和子は、日本語の文章を書いた。伯父の家とはいっても、自分の家とはちがう行儀が必要とわきまえていた。長女として、弟の行儀にも自分が責任をもたなくてはならないと考えていた。

長女の責任ということは、八十八歳で亡くなるまで、彼女の心にあった。

一九四一年、日米戦争が始まった。私は、合衆国政府からの問いを受けて、この帝国主義戦争について、米国、日本国のどちらをも支持しないと答えて、やがて、三ヶ月後、連邦警察にとらえられた。はじめ、東ボストン移民局に置かれた。そのころは、敵性外人の旅行は、許可制になっており、その手続きを取って和子はニューヨークから会いに来た。

私の下宿は、つかまった時のままになっており、その部屋の片づけを、ケムブリッジ在住の都留重人夫妻、山本素明と共に、姉がやってくれた。下宿の女主人はエリザベス・ラッセルと言い、おそらくこの人への支払いをも姉は受けもった。敗戦後に私をたずねてきてくれた米国人によると、女主人は私について悪いうわさを決して述べなかったと言う。

つかまった時、連邦警察は、私自身の柳行李を使って、そこで手に入れるだけの自筆原稿をもっていった。そのため、留置場では、学問とはきれいさっぱり手の切れた毎日だった。だが、ハーヴァード大学の哲学科教授(ラルフ・バートン・ペリー)は、警察と交渉して、書きかけの論文を、留置場内の私に戻してくれた。

留置場まで私に会いに来た和子は、この論文を牢内で書きついだものを、彼女の親しいタイピストにたのんで、手書きからタイプで印刷して、ラルフ・バートン・ペリーあてに送る手配をした。

こうして私は、ハーヴァード大学通学二年間、留置場で半年という身分のままで、一九四二年六月十日、欠席のまま、卒業することができた。卒業式の日、私は日米交換船で、ニューヨークを離れた。

日本に戻ってからの和子と私の暮らしのかたちはちがった。和子は、女であるから、徴兵されない。太平洋協会のアメリカ分室にいて、アメリカ研究をつづけた。私は、アメリカをでるときは十九歳だったが、二ヶ月半の航海を終わって日本についたときには満二十歳になっていて、東京都の最後の徴兵検査に行った。すぐさまの徴兵ではないが、第二乙種として、召集待ちである。自分なりの工夫で、その間に、ドイツ語通訳として海軍軍属を志願し、ジャワ島バタビア在勤海軍武官府に送られ、大本営発表に載ることのない、敵側の放送を要約する新聞をつくっていた。やがて胸部カリエスがはじまり、二度の手術をへて、一九四四年十二月に内地に送還された。

この間和子は、もとのマルクス主義の立場をかえず、日本の学問の隅に、戦争万歳を筆にしないひとがいることを見ていた。その人たちが学会誌に発表した論文を、私に手渡した。もとからの知己である都留重人、武田清子にくわえて、武谷三男、渡辺慧、丸山眞男である。これらに和子自身と私とを加えたのが、『思想の科学』創刊当時の同人となった。

このように、私の誕生から二十三歳で戦後に入るまで、四歳年長の和子は、私に長女としての世話をやきつづけた。

日本とアメリカとでは、長女の役割はちがう。和子は、日本の社会習慣で長女が自分の責任と感じるとおり、私への役割を果たした。

その間、食事をつくったり、引っ越しの世話をしたり、彼女の世話になったことは枚挙にいとまがない。

弟として、私が彼女に返したことは？

ないと言ってよい。

鶴見和子は、宇治市の京都ゆうゆうの里で八十八歳の生涯を閉じた。脳出血後の十年にあまるこの老人施設の自分を、彼女は「山姥」と呼んだ。

八十八年の最後の十年、彼女はこれまでの学者としての文章を、九巻の著作集として刊行し、それぞれを読み直して、巻末に現在の自分から見たあとがきを書きくわえた。それは、身障者から見た近代文明の姿であった。これは、ダルマに眼を入れる仕事だった。

また、彼女が話相手になってほしいと思う当代の碩学との対話を、それぞれ一巻の対話の本にまとめた。これもまた十巻になる。

そして最後に、少女期に出した歌集『虹』に続いて、『回生』、『花道』、『山姥』の三巻を出した。

脳出血以後、幼いころ彼女の習った日本舞踊と和歌とが戻ってきて、彼女を助けた。身体不自由になってからの重心の移動のコツは、幼いころから学んだ日本舞踊の転生であり、生きるリズムとして歌をとらえる見かたは、紀貫之以来の日本の詩学の復活である。

長命の学者は多くいるが、和子のように晩期に入って詩学と生きかたとの交流をとおして自分の学問に新しい境地を開いた人は少ない。また自分が身障者として、老人として生きることが、この国の平和のための戦いの一翼を担うことになるという自覚をもってもいた。

彼女は、味わいについて天分をもった人だった。このことは、学者というものは料理するのが下手だろうという社会的偏見にわざわいされて、広く知られてはいないが、彼女は自分で料理することもたくみだった。味わうということにかけては、亡くなる直前までたのしむことができた。

彼女の看取りは、ゆうゆうの里の職員のお世話になっている。肉親としては、妹、内山章子とその娘たちの金盛友子、小西道子、私の妻の貞子があたった。和子は、山里の自然の中で四季を楽しみつつ、山姥の生涯を終えた。お世話になったかたがたに御礼を申しあげる。

和子の生前、そして死後、彼女の著作を出しつづけてくださった藤原書店のかたがた、社長の藤原良雄氏に、感謝します。

佐佐木幸綱氏から解説をいただいた。朋子夫人とともに和子の歌を読んで選をされた。和子の十代の恩師から三代にわたる薫陶を受けた。めずらしい詩歌とのつながりに感謝する。

（二〇〇七年十月一日）

長女の社会学

この人の学問は全体として、長女の社会学だったと思います。

四十歳をこえて米国に再渡米し、米国の社会学をまなび、プリンストン大学で社会学の博士になります。この時代には、彼女の師事したマリオン・リーヴィ教授の学風をふくめて、書く主体である自分を、論文の中ではふせます。彼女の場合も、書く、そして考える主体である自分が長女であることは、伏せられています。

四歳年下の弟から見て、この人は常に、四人姉弟の長女としての役割を演じていました。私の母は、私がうまれたばかりのころから私をなぐり、けり、柱や立ち木にしばりつけました。姉は、母のふるまいに異議を申したて、母の折檻にわって入りました。ともに米国に留学してからも、その態度は消えることがなく、一九四二年三月、私が連邦警察にとらえられて、私が東ボストン米国移民局に監禁されたとき、彼女は、当時敵性外人に必要な旅行許可をもらってケムブリッジの私の屋根裏部屋まで来て、都留重人夫妻、山本素明とともに、部屋に散乱している荷物を片づけてくれました。留置場まで会いに来て、私が書きかけの卒業論文をとられて手ぶらでとじこめられたのを知ると、あとで論文を大学がとりもどしてくれたのを受けて、書きついだ分を彼女がうけとってタイピストにわたし、大学におくる手だてをつくってくれました。そのため、私は、牢獄の中でハーヴァード大学を卒業することができました。彼女から来た手紙で、つかれたタイピストの肩をもんでやったことなどが書いてあって、そのことは、今も心にのこっています。

一九四五年八月、戦争が終ると、彼女は、日米交換船以来、まる二年のあいだ、日本の論壇を見ていて、戦争万歳を書かなかった数人をあげてその論文を私にあたえ、その人びとを同人として雑誌を出すことを私にすすめました。

米国にいた間、彼女はマルクス主義者になり、日本にもどってからの戦中二年、その見方をかえませんでした。

私の父は、長女と長男を警察にわたすことはしませんでした。

私の父は、長女に、うまれた時から、大へんな肩入れでした。この無償の愛に、和子は、みずからの無償の愛をもってこたえ、父が倒れてからの足かけ一五年、父は失語症をかかえたままくらしました。その間彼女は、父の家を売って安い土地に移転し、その落差で父を支えました。すきぎれするときには、自分の教授としての給料と講演の謝礼、文筆収入をもってつなぎました。父をその最後までみとって、父にこたえたことは、彼女に平安をもたらし、彼女自身をその終りまで支えました。

父は、自分のこどもが、日本文化に根をもたない国際人になることを恐れて、彼女が八歳のときから日本舞踊をならわせました。その身ごなしは、彼女が脳出血に倒れ、上田敏《さとし》、大川弥生両医師の開発した独自の回生の方法によって、ふたたび歩きはじめる時の重心の移動、半身不随のままの朝飯の調理、りんごの皮むき、片手を文鎮として原稿用紙をおさえての執筆に役立ちました。また、彼女は、健康なときにおこなった水俣病の調査を、半身不随となった患者として受けとめる新しい社会学の視点を得ました。

岩波ホールの舞台にたったとき、彼女は踊りのなかばで扇をおとしました。彼女は、たじろがず、そのままそこに立っていた。すると、習慣にしたがって後見が、立って彼女に、自分の扇をわたしました。見ている丸山眞男は、そのとき少しもさわがずに立っている和子に感心しましたが、私は、後見の眼の中にあるそれまでに見てきた何千人ものおどり姿の中に社会学があると感じました。和子の社会学は、同時代という同じ舞台にたつ後見の眼の中にある社会学にむかって動いていました。

父は和子にすすめて、津田英学塾にかよう彼女に、佐佐木信綱に入門して和歌をならうようにしました。そこで彼女は、アメリカ留学を前に『虹』という歌集を出します。その後、半世紀、歌をつくっていません。その間五十年、彼女にとって、和歌と学問とは別のものでした。だが、歌は彼女を捨てなかった。八十歳に近く、彼女が脳出血で倒れたとき、歌は彼女にもどって来ます。はじめは型はずれだったけれど、だんだんに型がととのって来て、その後、彼女は、紀貫之の歌の理論、歌は、生きとし生けるものの、生きる姿勢の中にあるという伝統にもどりました。歌と社会学とは別のものではない。彼女は老人施設の中で、これまでの社会学論文を読みなおして、あとがきを書き、これまでの自分の学問に、自分の生命のいぶきをこめます。このようにして老人施設の中で、自分の著作集を出すことを完結しました。

（二〇〇七年七月二十八日）

歌心なくして学問なし

和子の一生は、歌心から問い直す学問というテーマのような気がするんです。脳出血で倒れた晩年十年のうちに、それを見つけたものだと思います。きっかけは二つあるんです。一つは、日本民俗学との出会いです。これも偶然なんです。『日本民俗学大系』というのを講談社で計画して、上田正昭から南方熊楠をといわれたんです。それまで彼女は南方熊楠なんて読んだことないんですよ。上田正昭がなぜ振ったかというと、あなたは英語が読めるからと、単純な――まったく偶然というのは、そういうものなんです。で、彼女は受けたんです。でも、南方熊楠というのは田辺に帰ってから、日本の学界に何も発表してなかったんです。で、イギリスに向かって、『ノーツ・エンド・クエリーズ』というのに、ずっと投書を続けたんです。で、偶然、南方熊楠の体系というのは、その英語の投書の中に隠れているんです。これは偶然なんですよ。ですから彼女は、その英語の投書だけをずっと読んでいって、ここに体系があるということを発見したんです。

というのは、それまで、南方熊楠というのは偉大な人なんだけれども、柳田国男は南方が死んだ時に、こういう奇人をもういっぺんだしてはならないといったんです。これだけの大才、偉大な才能をただの奇人として辺境に埋もれさせた。こういうことは、日本の学界の汚点である、これをくり返してはいけない。日本の学界そのものを変えていかなきゃいけないというのが、柳田国男の感想なんです。これは『柳田全集』に入っています。

もう一人は、私の上司にあたるんだけど、桑原武夫も南方熊楠について書いているんです。それは鶴見左吉雄という人物に与える手紙なんです。で、これは君の親類かといわれるけれど、全然親類じゃないんだ。鶴見左吉雄というのは、そのころ農商務省の局長だった人で、南方熊楠が手紙をだしたんです。その手紙はきわめて猥褻な手紙なんです。桑原武夫はそれからひきだして、民間の学者というものは、人の興味を引くために猥褻な話をこんなにしなきゃいけないものかというのを、それが芯になっているエッセイです。

柳田国男も桑原武夫も、私が非常に世話になった偉大な学者です。それぞれ大変な仕事をしているんですが、だけど、こと南方熊楠については見当外れなの。まちがっているんです。つまり、両者ともに南方熊楠のもっている体系性を発見することができなかったんです。その体系性は田辺にこもってから、ずっとイギリスに向かって発信していた英語の投稿の中に隠れていたんです。英語で読むときに南方熊楠独自の体系はあるんです。

ですから日本民俗学というのは、日本でトップのただ一つの大学としてはじまった東大から離れたところ、柳田国男、折口信夫、南方熊楠——この三人は離れているでしょう、その中に隠れているんです。それはいずれも歌心から問い直す学問という、その形をもっているんです。で、和子は偶然、その系統の民俗学を、まず日本語で読んでいたんです。ところが、講談社から『日本民俗学大系』を振りあてられたときに、まったく自分が考えないところで、上田正昭に、あなたは英語が読めるからと振りあてられたんです。それで真面目な人ですから、英語の投書を全部読み直したんだ。そうしたらその中に体系が隠れていたんです。率直にいって、和子は、南方熊楠の中に隠れていた体系を発見した人だと思います。

返す刀で、もともとあった、柳田の中にも同じような体系が、そして折口の中にも同じような体系が、つまり、歌心なくしてなんの学問かという仕方で問い直したんです。それは日本の伝統というもの、紀貫之以来眠っているその伝統、生物として生きていれば、その歌心は眠っているんです。それが紀貫之の直観なんです。それを復活させた人になったんだと思います。つまり、紀貫之のころからずっと埋蔵されていたもの、その伝統をもう一度、日本民俗学との出会いを通して復活させた人だと思うんです。

そして彼女は半身不随になって、半分はほとんど死んでいるんです。その死んでいる部分とくり返し対話をする。たとえば歩くことを憶えたでしょう、上田敏先生の下で。そうするとそれは、死んでる部分をどういうふうにして活用するかという問題なんです。死んでる部分を巧みに使って、重心として歩くことができるようになった。つまり、ほとんど死んでる部分と、自分の生きている部分の中の対話によって巧みに活用していくという、まったく新しい対話の方法が彼女の毎日の生き方になったわけです。そこからそれまでの、健全なときに書いた全部の自分の論文の体系を読み直して、全九巻のあとがきを書く。あとがきは倒れてから書いたものです。それが新しい息吹をこめるような仕事になったんだと思います。

日本ただ一つの大学は、ヨーロッパの学問に似せてつくったものです。そうするとそれは、詩心、ポエトリーと学問が切り離されたものなんです、ポエトリー・アンド・サイエンスというのが。ところが、彼女の問いは、ポエトリーなくしてなんの学問か、そういう問いだったと思います。

どうもありがとうございました。

（二〇〇八年七月二十六日）

姉との討論――「山百合忌」へのメッセージ

姉と私との討論は、すでに私が四、五歳のころから始まっていました。

姉が学校に行っているあいだにおなじ本を読んで、姉が学校から帰ってくると、その本について討論をしました。おなじ本でも、異なった感想が生まれる。この体験を最初に持ったのが、姉との討論でした。

学校に行っていない私は、その分、時間があり、乱読の環境を自由に楽しむことができました。学校に行っている姉は、その分、家で読む本の世界に十分足を踏み入れることができなかった。そのちがいが、学問に限らず、その後の二人の考え方を分かつことになったのではないかと、ふりかえって思っております。

企画から司会に至るまで、力をそそいで下さっている黒田杏子さん、藤原書店の藤原良雄社長に、お礼を申し上げます。

（二〇一四年七月三十一日）

〈跋にかえて〉

おなじ母のもとで

鶴見和子

わたしが人からいわれてとまどうことが、二つある。ひとつは、「あなたと俊輔さんとは、おなじお母さまですか?」という質問である。もうひとつは、「お兄さまに、よろしく」である。

事実をいえば、俊輔とわたしと、その下の妹の章子と一番下の弟の直輔とは、おなじ母から生まれたきょうだいである。わたしが一番先に生まれた。したがって、俊輔はわたしの弟である。

第二のまちがいの方が、第一の疑いよりも理由は明白である。俊輔のほうが、わたしよりもはるかに多くのすぐれた仕事をしている。わたし自身も、俊輔を先輩と思い、師とも仰いでいる。そのいみでは、「兄」といってまちがいないのである。

第一の疑いについては、事情はもっといりくんでいる。俊輔が書いている母の像と、わたしが描く母の像とが、同一人物とは思えないほどくいちがっているからである。どこからこのくいちがいが生じたのだろうか。そのことと、俊輔がわたしの兄だと思われている原因とは、つながっている。

わたしと俊輔とは、四つ違いである。他のきょうだいとは、十ないし十五も年が離れているので、俊輔とわたしが年齢の上からも、もっとも近い。ほとんどいっしょに育った、といってよい。母はサムライ気質で、長男は立派に育てあげなければ、「ご先祖さまに申訳がない」という強烈な責任感を持っていた。立派に、というのは、決して、立身出世を願ったのではない。「正しい人になる」ということであった。ひとのお世話になったり、人に迷惑をかけたりせず、自分で自分の始末のできる人になるように、という、まことにつつましい、しかし最もきびしい価値基準をもって、弟の日常茶飯の小さな行ないにいたるまで苛酷に糾弾した。母は弟を深く愛したので、その叱り方は、強烈をきわめたのである。子どものわたしの目から見れば、大女の母が、痩せっぽちの小さな男の子を、いじめているとしか映らなかった。そこで、わたしはいつも母に抵抗して、弟を守っているつもりであった。わたしが、弟と喧嘩するゆとりが全くないほどに、母は弟を攻めたてた。

こうした母のきびしい鍛錬は、俊輔を何度か自殺未遂に追いやった。そうした夜、麻布の家から駿河台の病院に瀕死の弟を連れてゆく車の中の不安な、祈るような気持を、宮城前の松の枝のくろぐろとした影を見ると、今でも鮮やかに想い起こす。おそらくこれが、俊輔にとっての最初の「臨死体験」であったろう。

一九四一年十二月七日（東部標準時）、日米開戦の日、俊輔はハーヴァード大学に学び、わたしはコロンビア大学で勉強していた。ボストンでFBIに拘留され、訊問に答えて、クロポトキンの倫理哲学を滔々としゃべったために「アナキスト」というレッテルをはられて、留置場に入れられた。ニューヨークのわたしは、一週間の外出禁止があっただけで、FBIの訪問はうけなかった。そこで、わたしは、俊輔の荷物を整理するために、かれの下宿にいって驚いた。屋根裏部屋の一室には、天井と壁一面に、張紙がしてあった。はっきり覚えていないのだが、すべて、自己に対する戒律のことばが書かれていたのである。その時すでに病気になっていたらしく、毎日、大瓶の牛乳をのんで、必死の勉強をしていたことがわかる。張紙の戒律は、母の訓戒の内面化であったかもしれない。これが二度目の死と向きあった格闘であったろう。そして、一九四二年八月、第一次交換船で帰国後、軍属としてインドネシアに派遣されて、カリエスになって戦地の病院で手術を受けた時が、三度目の死に近付いた体験であったであろう。

わたしは、俊輔とおなじ母に育てられながら、死ぬほどに思いつめたことがない。わたしが女の子であったために、母は、弟に対するような強烈な責任感を持たなかった。というよりも、父がわたしを愛したので、母はわたしのことは父に任せるという責任分担の意識があったのかもしれない。母は罪の意識をもって自己を責め、それを俊輔に植えつけようと必死であった。これとは正反対に、父は根っからの楽天主義で、寛容であったから、その父に愛されたわたしもまた、極楽トンボに育ってしまった。

おそらく、女の子にとっての母の像と、男の子にとっての母の像は、どこの家でも違うのではなかろうか。俊輔にとって、母に愛されすぎたことが、死を誘発したのに対して、わたしにとっての母は、生命の根源につながっている。わたしたちが病気になった時の心配りのやさしさと対処のかしこさは、抜群であった。叱る時とおなじように誠心誠意をもって看護したのである。それは弟に対しても、わたしに対しても、おなじであった。もう一つは、母は、衣・食・住の暮らしの流儀について、知恵と見識をもっていた。わたしは、母から学んだ生活の智と技とをもって、母より以上に、日々の暮らしを楽しんでいる。それはおそらく、わたしが、母から罪の意識を植えつけられることがなかったためかもしれない。

おなじ母のもとで育てられながら、俊輔は死ぬ思いを何度か経験し、人間の罪と暗黒とをくぐりぬけてきた、「生まれ変った人」(twice-born)なのである。これに対して、わたしは、死も暗黒もくぐりぬけることのなかった、「生まれた儘の人」(once-born)である。そのことが、俊輔の仕事をより深く、寛く、そしてすじの通ったものにしているのだと思う。人が俊輔をわたしの兄と呼ぶのも、そうした理由からであろう。そういうきょうだいをもったことは、わたしの生涯の仕合せである。(一九九二年三月)

〈結びにかえて〉
若い人に

若い人は、いずれ年をとる。年をとるまで待つことができるとして、八十歳の老人の読み方を書きます。

数日前に、大河内俊輝編『後藤得三芸談』（ぺりかん社、一九八五年）という本を読みました。ながいこと読みたいと思っていた本で、読みはじめたところ、前に私の読んだときにひいた赤線青線のあとがありました。

ただひとつ、この読書経験が私にもたらしたものは、前に読みたいと思って読んだ本は今読んでもおもしろかったという事実です。

これは、少年、青年、壮年の読書体験にないことでしょう。

つまり、老年の読書体験の特色は、くりかえし読みにあります。「今八十二歳になる」と、後藤得三はのべています。さらに六年語りつづけて、八十八歳のときにこの本を語り終えています。

私は、自分の記憶の脱落にもおどろかされましたが、そのとき、ひとつ八十歳以上でなされた著作をあつめて、棚をつくろうと思いつきました。

昨日思いついたばかりで、まだ実行にいたっていませんが、思いつく著作は、トルストイ『神父セルゲーイ』、今西錦司の晩年の著作、私より二歳年長の梅棹忠夫の著作等。こういう著作を読むことは、今の私に刺激をあたえると思います。たのしい読書です。

くりかえし読み、それが老年の読書です。

それとだぶってしまうかもしれませんが、遅読み、ということがあります。読書には速読みと遅読みがありますが、私は、速読みよりも遅読みが大切だと思っています。

ゆっくり読んで、わからないところは、もどってまた読む。この流儀が大切なことに気がついたのは、中年をすぎてからで、それまでは、幼年、少年、青年、中年をとおして、速読みばかりをつづけていました。

こどものころは、学校ぎらいだったので、手あたりしだい本を読んで、学校から自分の心をひきはなしていました。その速読みの習慣は、職業をもつようになってから、自分を助け、食い扶持をあたえてくれましたが、読書のたのしみを自分にあたえたかどうか、うたがわしいです。

自分の心におちる一行、それがあることを、求めるほうが大切です。

後藤得三という人は、能役者です。弟喜多実とともに、小学校卒業後ただちに喜多六平太の内弟子となり、十二、三の頃から七十まで師匠の六平太から稽古をつけていただいた。

こんなに見ていただいた人間てえのも、めづらしいんじゃないでしょうか。

先生自身は頭の鋭い人でしたから、人からしつこく尋ねられても、すっとうまいことそらした言い方で、応対するといった按配でした。それを本当はこうなんじゃないですか、というようなことを言ったんじゃだめなんだ。建前と分っていても、芝居がかって、有難く受取るという風じゃないと、先生とはしっくりいかない。

だから、私はもとより利口というわけじゃないが、芝居がかりが出来ないから、先生とは性格的に合いませんでした。弟の実もその口です。

但し芸のことは別です。

こういうところが、私にはおもしろい。
全部忘れてしまっても、忘れても忘れても愛読書というわけです。

（二〇〇三年七月）

初出一覧

■序にかえて

話の好きな姉をもって――「山百合忌」へのメッセージ　『機』二〇一五年九月号

二〇一五年七月三十一日の「山百合忌」（鶴見和子さんの命日の集い）に寄せられた、著者の絶筆。

■Ⅰ

石牟礼道子管見　『石牟礼道子全集 不知火　第一巻　初期作品集』月報、二〇〇四年七月

私たちの間にいる古代人　『石牟礼道子全集 不知火　第七巻　あやとりの記ほか』解説、二〇〇五年三月

〈対談〉戦後文学と在日文学（金時鐘＋鶴見俊輔）　『金時鐘詩集選 境界の詩』解説対談、二〇〇五年八月

二〇〇五年三月二日、京大会館にて収録。

この半世紀　鶴見俊輔・岡部伊都子『まごころ』二〇〇四年十二月

〈対談〉陶淵明そして吉川幸次郎（一海知義＋鶴見俊輔）　『環』36号、二〇〇九年一月
二〇〇八年十月二十六日、神戸大学百年記念館にて開催された『一海知義著作集』発刊記念シンポジウム「頑固さとユーモア――一海知義の世界」より。

陶淵明と一海さん　『一海知義著作集』推薦文、二〇〇八年六月

スタイル　『環』31号（特集　われわれの小田実）、二〇〇七年一月

■II

脱走兵援助と高野長英――『評伝 高野長英』新版への序　『評伝 高野長英　1804-50』二〇〇七年十一月
初版一九七五年朝日新聞社刊の『高野長英』を藤原書店から復刊するに際して付した序文。

高野長英、安場保和、後藤新平　『環』29号（特集　世界の後藤新平／後藤新平の世界）、二〇〇七年四月

安場咬菜管見　安場保吉編『安場保和伝――1835-99　豪傑・無私の政治家』二〇〇六年四月

祖父・後藤新平への想い　御厨貴編『時代の先覚者・後藤新平　1857-1929』二〇〇四年十月
二〇〇四年三月六日、藤原書店会議室にて収録の座談会「今、なぜ後藤新平か」より。

祖父・後藤新平について　『環』21号、二〇〇五年四月
二〇〇四年十一月二十三日、東京大学・安田講堂にて開催の「後藤新平の全仕事」発刊記念シンポジウム「今、なぜ後藤新平か？」より。

後藤新平の自治の理想　後藤新平歿八十周年記念事業実行委員会編『自治』〈シリーズ「後藤新平とは何か――自治・公共・共生・平和」〉、二〇〇九年三月

大臣より上の父の仕事　御厨貴編『正伝 後藤新平　別巻　後藤新平大全』巻頭言、二〇〇七年六月

父の民間外交　上品和馬『広報外交《パブリック・ディプロマシー》の先駆者 鶴見祐輔 1885-1973』序文、二〇一一年五月

弟の眼　『コレクション鶴見和子曼荼羅　IX　環の巻』月報、一九九九年一月

葬送の記　『再生』第63号、葬送の自由をすすめる会、二〇〇六年十二月

鶴見和子の「詩学」　『環』28号（特集　鶴見和子の詩学）、二〇〇七年三月
二〇〇六年十一月二十日、東京會舘ローズルームにて開催の「鶴見和子さんを偲ぶ会」でのあいさつ。

最終歌集『山姥』に寄せて　鶴見和子『歌集　山姥』序、二〇〇七年十一月

長女の社会学　『環』31号（小特集　鶴見和子さん一周忌）、二〇〇七年十一月
二〇〇七年七月二十八日、新宿中村屋本店にて開催された「鶴見和子さん一周忌の集い」でのあいさつ。

歌心なくして学問なし　『環』35号、二〇〇八年十月
二〇〇八年七月二十六日、山の上ホテル・銀河の間にて開催された「鶴見和子さん三回忌の集い」でのあいさつ。

姉との討論――「山百合忌」へのメッセージ　『環』61号、二〇一五年五月
二〇一四年七月三十一日、山の上ホテル・銀河の間にて開催された「山百合忌」に寄せたメッセージ。

■跋にかえて

おなじ母のもとで（鶴見和子）　『鶴見俊輔集12』月報、筑摩書房、一九九一年三月

■結びにかえて

若い人に　『環』14号（特集「読む」とは何か）、二〇〇三年七月

＊表題を初出時から変更した場合がある。

編集部付記

鶴見俊輔さんから初めてご連絡をいただいたのは、一九九五年暮れに姉の鶴見和子さんが脳出血で倒れ、年が明けてすぐのことだった。「和子が斃れました。このことは極秘にして戴きたい。著作集のことは、和子から聴いています。後は、私がやります。まず叩き台を出して下さい」と。その後、半年を経過して和子さんと再会し、著作集のプランを練り上げていった。翌年秋、遂に『コレクション 鶴見和子曼荼羅』(全九巻)の刊行が始まった。その後も俊輔さんは、左片麻痺の和子さんの晩年約十年を支え、その間のほとんどの和子さんの著作を出版した小社の仕事に陰に陽にご協力いただいた。本書は、そうしたお付き合いのなかで、俊輔さんが小社に寄せられた原稿を集成したものである。

俊輔さんご自身からいただいた最初の原稿は、『鶴見和子曼荼羅』最終巻の月報への「弟の眼」という原稿だった。

その後、小社では、和子さんと対話を重ねる中で、鶴見和子という日本に稀有な女性学者はどのような家系から誕生したのかと考え、父鶴見祐輔、祖父後藤新平、曾祖父安場保和、そして遠縁の高野長英にまでさかのぼってみた。特に後藤新平については、日本の近代を形作る上でその存在の大きさに圧倒され、いまだ汲み尽されていないその意義を現代に問うべく、いまなお出版を続けている。

俊輔さんには、「後藤新平の全仕事」発刊にあたって、パイロット企画『時代の先覚者・後藤新平』所収の座談会、及び「全仕事」発刊を記念して東大・安田講堂で開催したシンポジウムにご参加いただいた。

また、近代日本のインフラ整備の先駆的存在であり、福島・愛知・福岡の県令を歴任した安場保和についても、その全体像をつかむきっかけをいただいたのは俊輔さんだった。

いずれも俊輔さん自身の「血縁」でもあるが、彼らを突き放して歴史の中に置き直し、そのうえで見えてくる現代への意味を語る言葉は、ユーモアを交えつつも、洞察にあふれたものである。

もちろん、「血縁」だけではない。石牟礼道子さん、金時鐘さん、岡部伊都子さん、小田実さんなど、日本の戦後史を考えるうえで不可避の問題にかかわる方々との対話にも、俊輔さんは登場してくださった。

二〇〇六年七月三十一日に和子さんが他界されてからは、毎年命日に「山百合忌」という追悼の会をおこなってきたが、俊輔さんもお元気なうちは参加され、長旅が困難になってからも毎年メッセージとカンパを寄せてくださった。

俊輔さんの最後の文章が、死の一週間前に山百合忌に寄せられた「話の好きな姉をもって」であったことは、小社との二十年近くにわたるお付き合いをしめくくるものとしても感慨深い。

ご冥福をお祈り致します。合掌。

（藤原良雄）

著者紹介

鶴見俊輔（つるみ・しゅんすけ）

1922年，東京に生まれる。哲学者，評論家。

1942年ハーヴァード大学哲学科卒業。同年，日米捕虜交換船で帰国。海軍軍属に志願し，ドイツ語通訳として従軍。1946年，丸山眞男らとともに『思想の科学』創刊。京都大学助教授，東京工業大学助教授，同志社大学教授を歴任。60年安保改定に反対，市民グループ「声なき声の会」をつくる。1970年，警官隊導入に反対して同志社大学教授を辞任。また1965年には小田実らとともに「ベ平連」をつくる。2004年，小田実・大江健三郎・加藤周一らとともに呼びかけ人となり「九条の会」を発足。

2015年7月20日歿。

著書に『鶴見俊輔集』（全12巻・続巻5，筑摩書房），『鶴見俊輔座談』（全10巻，晶文社），詩集『もうろくの春』（編集工房〈SURE〉）ほか多数。

まなざし

2015年11月30日　初版第1刷発行©
2016年2月10日　初版第2刷発行

著　者　鶴　見　俊　輔
発行者　藤　原　良　雄
発行所　株式会社　藤　原　書　店

〒162-0041　東京都新宿区早稲田鶴巻町523
電　話　03（5272）0301
FAX　03（5272）0450
振　替　00160-4-17013
info@fujiwara-shoten.co.jp

印刷・製本　中央精版印刷

落丁本・乱丁本はお取替えいたします
定価はカバーに表示してあります

Printed in Japan
ISBN978-4-86578-050-5

1989年11月創立　1990年4月創刊

月刊
機
2015
1
No. 274

発行所　株式会社 藤原書店©
〒一六二-〇〇四一　東京都新宿区早稲田鶴巻町五二三
電話　〇三・五二七二・〇三〇一（代）
FAX　〇三・五二七二・〇四五〇
◎本冊子表示の価格は消費税抜きの価格です。

編集兼発行人
藤原良雄
頒価 100円

日本という国を土台から造り直すために、近代国家の創生に立ち返れ！

「明治」を問い直す

――学芸総合誌・季刊『環――歴史・環境・文明』60号 特集――

芳賀徹　新保祐司　片山杜秀
（敬称略）

東日本大震災とそれに伴う福島第一原発の事故からほぼ四年経過したが、復興の道筋は依然見えない。経済成長を価値観の軸とする戦後日本社会はもはや限界に達している。今、日本という国家の針路を根本的に軌道修正するには、もう一度この国を土台から造り直すほどの覚悟が必要である。『環』本号では、近代国家誕生の機に、混沌のなかで普遍的な「公」を志向した、潜在する「明治」を描いてみたい。近代国家の創生を純粋に志向した先人の精神は、現代社会の閉塞を突破する一条の光となるにちがいない。

編集部

● 一月号 目次 ●

一九九五年二月二十七日第三種郵便物認可　二〇一五年一月十五日発行（毎月一回十五日発行）

近代国家形成の端緒は、異なる国家像の衝突した時代だった！

「明治初年」から何を学ぶか

芳賀徹＋片山杜秀＋新保祐司

「明治初年」のはらむ可能性

新保　明治を問い直すというテーマはしばしば設定されておりますが、本日のポイントは「明治の初年」を特に問い直すということです。

三つの柱を考えてみました。第一は、**江戸から明治への本質的な変化は何だったのか**ということです。明治維新を画期として近代化がそこで始まったという議論は昔からありました。それに対して、江戸時代にも内発的な近代というのもいろいろあって、明治維新をそれほど重要視しないという議論もあります。しかし江戸と明治は、何か決定的に異なっており、その違いが明治初年に噴出し、明治憲法以降にそれが修正されていったのではないかという気がしています。そこで第二に、**明治憲法発布前後で、何がどう変わったか**を考えたいと思います。そして第三に、**明治初年の可能性のうち、現代に活かすべきものは何なのか**、実現されざる近代として明治初年に何があったのかということを議論したいと思います。

岩倉使節団という大プロジェクト

芳賀　明治維新を誰がやったのかというと、徳川自身がやりました。徳川は、明治維新を行うことによって、明治維新の中に自らを消して、明治を始動させました。大体それがはっきり出てくるのは、明治十年前後かな。

その過程の中でも岩倉使節団は、鳥羽・伏見の戦いなんていう、けちな戦争よりもはるかに重要です。明治四年十一月に岩倉具視は、木戸孝允、大久保利通、伊藤博文、それから当時の各官庁の最優秀の次官、局長、部長、課長、課長補佐クラスを引き連れ、さらに約五〇名の留学生を帯同し、横浜港からアメリカに向けて出発しました。これは徳川日本が最後にどうしてもやら

なきゃいけなかった大事業でした。こんな冒険をやった国は、欧米にもない。そういうことを考えると、何だ、明治維新というのは、徳川日本がやったのかということに思いいたります。そういう人たちが、それぞれのイデオロギーと熱情とを持って変革を進めた。変革をしなきゃ日本は生き残れないと非常に強く自覚し、行動を起こし、政治体制の変革をやった。

新保　ただ、岩倉使節団が戻ってきたところで、西郷隆盛と対立します。**明治初年の問題というのは、西郷隆盛にかかわる問題です。**岩倉使節団もすごいけれども、それに対する批判として西郷的なるものがあった。それを抱え込んでいたところに明治初年の可能性がありました。

異なる国家像の衝突した時代

片山　岩倉使節団で行ってきた人たちと、留守政府に残った人たちとの思想的なギャップは、もの凄く大きいものがありますよね。留守政府に残った人たちが下野しましたけれども、彼らは下野を、将来戻ってくる可能性もおりこんだ流動的なものと考えていたのではないでしょうか。ところがいったん下野したら、戻ってこられない。維新政府は意外としぶといんですね。それで、士族反乱と自由民権になっちゃった。自由民権というと、すぐ戦後民主主義を想起してリベラルと考えるけれども、全然そうじゃないでしょう。下野した人間も政治に参加させろということなんですから。政府に入れないなら早く議会を開いてくれればそこに入れると。当時の自由民権は士族民権であり、割を食った人たちの情念の爆発です。

明治憲法発布（一八八九）までは非常に不安定な時期でしょう。よく持ち堪えられたものだなあと。反乱で情念を爆発させた人々と、岩倉使節団的というか、開明派というか、西洋近代国家の原理と天皇の国という国体を折衷させることを、しぶとく強引に、しかもけっこうその場しのぎの論理を付け焼き刃で積み重ねていった岩倉具視や伊藤博文らとは、維新のビジョンにおいてかなり違っていた。で、岩倉らが勝ってしまいましたが、それは必然というよりも時の運だと思うんですけれども。どっちの方がよかったのかは永遠の謎みたいなものかもしれません。

（構成・編集部。全文は『環』60号に掲載）

（はが・とおる／東京大学名誉教授、比較文学比較文化）
（かたやま・もりひで／慶應義塾大学教授、思想史・音楽評論）
（しんぽ・ゆうじ／都留文科大学教授、文芸批評）

アベノミクスを"ミスター円"が徹底分析。成長戦略は時代錯誤！

成長戦略ではなく成熟戦略を

――アベノミクス「第三の矢」の再考を――

榊原英資

アベノミクスの第一の矢は大きな成功を収めた。そして第二の矢、財政には複雑な課題が内包されている。財政再建は何としても実現しなくてはならないし、その中で、景気刺激もやっていく必要もあるのだろう。特に、二〇二〇年の東京オリンピックを控えて、公共事業や交通のインフラ整備が必要になってくる。増税をしながらの公共事業になるが、巧みに両立させていく政策の実現が求められているといえるのだろう。

問題は、アベノミクスの第三の矢、成長戦略である。筆者は成長戦略は時代錯誤だと思っている。日本経済にとって、あるいは、**多くの先進国経済にとって成長の時代は終ったのだ。**時代は次第にゼロ成長、あるいは、成熟の時代に入ってきている。この状況で、日本経済が三～四％の成長を達成することは一時的景気回復期ならともかく不可能なことだといっていいのだろう。無理に成長をしようとすれば、結局、バブルを生んで、経済が混乱することになってしまう。既にそれなりの豊かさを達成した日本は一％前後の成長で満足し、**成長戦略ならぬ成熟戦略を**つくり実行していくべきではないのだろうか。(…)もちろん、一部の産業は高成長を達成するかもしれないし、高成長を望む企業はアジア等海外に進出して高成長を達成することは可能だ。しかし、日本の国内経済は平均すれば一％前後の成長しかしないだろうし、また、それで充分ではないのだろうか。

一部の評論家や政府関係者はともかく、多くの日本国民は成熟社会に適応し始めているのではないだろうか。成熟の時代は、所得の増大やモノの豊かさより、環境や安全、あるいは健康が重要な生活目標になってくる。(…)

モノは既にあふれているし、これ以上、大型テレビとか電気製品を買う意欲も少なくなってきている。たしかにGDPの成長率は低くなるかもしれないし、企業の国内での業績は落ちるのかもしれない。しかし、成長を望む企業は業務をグローバル化しアジア等の海外に出ていけばいいのであって、政府が国内経済を念頭に成長戦略を立案し実行する必要はない。

アベノミクスは第一の矢は成功し、第二の矢も必ずしも失敗はしていない。しかし、第三の矢、成長戦略は撤回し、再考する必要があるのではないだろうか。成長ではなく成熟を国民一人一人が享受できるような環境を整備すること、それがアベノミクスの第三の矢になるべきなのだろう。

（構成・編集部）

＊全文は『環』60号に掲載

土地本来の木による"ふるさとの森"は、九千年先までいのちを守る!

見えないものを見る力

――「潜在自然植生」の思想と実践――

宮脇 昭

科学とは、計量化できるものだけではない

私たちは、五百万年の人類の歴史のなかで夢にも見なかったほど、物もお金もエネルギーも食べ物もあり余った状態でいながら、まだ「足りない、足りない」といって、目先のことにのみ忙しく対応しています。

現代の最新の科学・技術、あるいは思考方法は、すべて、われわれの先祖が夢にも見なかったほどです。とくに、コンピュータに象徴されるような情報産業の発達は、かつては計算機やそろばんで何日もかかっても計算できなかったようなことが、さまざまなデータを取り込んで、数字やカーブ(グラフなど)で瞬時に表現することができるようになりました。

今、私たちは意識する・しないにかかわらず、お金に換算できるもの、数字で表現できるもの、そして模式やグラフで表現できるものだけが科学・技術の対象であると考えています。そして、そういう考えで、私たちの生活のあらゆる側面に対応しています。いのちにたいしては紙切れにすぎない札束や株券で対応できるものが、もっとも大事であり、すべてであるかのように、錯覚しています。

そして、都市計画、建築、橋梁設計、海岸の防潮堤計画、また私たちの生活を支えているすべてのことは、今、私が"死んだ材料"と呼ぶコンクリートやセメントによるものばかりです。"死んだ材料"を使っての計算や設計、技術、工場製品などは、すべて数字で、またはさまざまな尺度で読み取り、評価できるものです。自動車産業でも、コンピュータでも、腕時計一つでも、部品が一ミリちがっても、すべてが止まって機能しなくなってしまいます。

このような、今私たちが生活のなかで具体的にやっていることは、すべて「見えること」です。「見えること」は、つまりコンピュータで計算できることなどです。

見えるもの、計量化できるもの、そ

して生活のすべての基盤になっているもの、経済的な、お金や株券で評価できるものは、もちろん大事であり、今後もこのような計量科学的な研究や技術的発達は、進めていかなければならないことは、事実です。しかし、それだけでは不十分です。

現代の科学・技術は不十分
――いのち、環境を総合的に見る――

私たちは今、物もお金も食べ物も環境も、また医学についても、あまりにも多くの計量可能な、可視的なデータを組み合わせ、平均値を出して計量化することに慣れすぎています。ですから、それがすべてのように錯覚しやすい。もちろんこのような技術は進めなければいけませんが、少し冷厳に考えてみれば、物もお金もどれほどあり余っていても、どれだけ最高の技術であっても、美しい日本の国は、もっとも自然災害の多い国土でもあります。人間による自然破壊にたいして、必ず襲ってくる自然の「揺り戻し」――台風、洪水、暴風、山崩れ、地震、津波、大火事について、その予測や対応において、現在つかみ得るデータを総合して評価することは大事です。しかしそれだけでは、いのちを守りきることができません。

▲宮脇 昭（1928-　）

どれほど科学・技術を発展させて計測し、計量化して調べても、時間的には、四六億年の地球の歴史、四十億年のいのちの歴史、五百万年の人類の歴史の中では、どんな長期と言っても、五十年、百年、千年、二千年の幅をとっても、それはほんの限られた、瞬間的な時間にしかすぎません。また、どれほど広い範囲で調べても、どれほど面的な測定データであっても、地域（ローカル）から地球規模（グローバル）に広がっているこの膨大な空間的広がりの、ごく一点にしかすぎません。

もちろん、いろいろと予測し、対応することについては、現代の最高の科学・技術がもっとも自慢とし、得意であり、使い切る手法であり、きわめて重要ではあります。

しかし、そのような予測を超えて、来るものがあります。最高の技術でつくったものをも越えて襲ってくる自然災害――たとえば鉄筋コンクリートの防潮堤を越えて襲う津波、また一九九七年一月十七日の阪神・淡路大震災、二〇一一年三月十一日の東日本大震災、二〇一三年の伊豆大島の土砂崩れ、また一般には知られていませんが、阿蘇の外輪山の内側に位置している町に台風、山崩れによって土砂が流れて、住宅も巻き込まれて流され、かけがえのないいのちが失われている例があります。二〇一三年の長野県南木曽村の、また二〇一四年四月の阿智村の集中豪雨による阿智川上流からの土砂崩れ、その下の住宅や橋、道路も上流からの土砂流による大きな被害。二〇一四年八月の広島の斜面崩落、土砂流れなどによる一夜の、多数の犠牲者もあります。

今後も、私たちは最高の現代の科学・技術によって、見えるもの、計量化できるもの、数字で評価できるもの、金で換算できることを進めていくことはもちろんですが、それだけでは十分ではありません。

〝死んだ材料〟での科学・技術は、すばらしい。空間的には小地球だとさえ思われるジェット機もあれば、あるいは宇宙衛星では月や彗星、一時的には月の世界まで行けます。しかし、いのちにたいしては、またそれを支える総合的ないのちを守る環境にたいしては、残念ながら、まだ現代の科学・技術、いわゆる「見えるもの」だけを利用した、もっとも最新の科学的な手法、技術的な対応といわれるやり方だけでは不十分、あるいは不可能といってもよいのです。

今大事なことは、「見えるもの」を丁寧に測定・計量化し、さらにわかったことを総合することではあります。いろいろと過去のデータから現在を、そして未来を予測し、対応し、刹那的でもすばらしい今の生活環境を豊かにすることは、大事です。しかし、それだけでは、いのちにたいしては残念ながらまだきわめて不十分です。同時に、「見えるもの」だけでのデータから、「見えない全体」をどのように見きわめ、対応するかを考えなければなりません。

今もっとも問われているのは、そして今大事なことは、「見えないもの」をどう見るか、ということです。現在の人間の力ではまだ「見えないもの」を、どう見きわめるか。その努力こそ、もっとも大事ではないでしょうか。（構成・編集部）

（みやわき・あきら／横浜国立大学名誉教授）

人類最後の日を迎えないために、いのちと国土をどう守るか?

生き延びるために、自然の再生を

宮脇 昭

個別の対応ではなく、トータルな対応を

本書は四十年前、私が四十代の時に、具体的に日本列島各地のそれまでの現地植生調査結果や、当時のさまざまな情報を入れてまとめた、子どもさんを中心とした読者のみなさんに向けて書いた小著の新版です。「このまま進めば人類生存の危機につながる」という危機感をもって、当時の日々の現象、各地の植物、植生を現地調査しながらまとめたものです。

今読めば、かなりヒステリックに書いているようにも思えるかもしれません。「公害なんかとうの昔に消えてなくなったじゃないか、克服したじゃないか」と思われるかもしれません。個別の対応を見れば、確かにそうです。しかも、今私たちは、四十年前にくらべて、より快適な人工環境の中で、食べ物も、エネルギーも、さらに情報技術、産業などの急速な発展により、日々の生活ははるかに、予想以上に物質的にはめぐまれています。

しかしその反面、地球規模での大気汚染、また海流の変動、風の変動、大気の変動などで、今までの予測をも越えたような気候変動、温暖化をはじめ、地域から地球全体に及ぶような、さまざまな不幸な自然災害が起きています。これらの多くは予測もできなかった変化です。しかし、予測と言いますが、それはほんの限られた時間での、限られた地域での計測、予測であって、地球ができてから四十六億年、生命が生まれてから四十億年、人類が出現してから五百万年の歴史に比べれば、ほんの瞬間的です。したがって、個々の対応はできても、トータルとしては、残念ながら私たちの視野からはずれているような気がしてなりません。

生物社会では、その地域の生存環境がだめになる時に、一番最初に責任をとらされるのは、その集団のトップです。「わずか四十年で、公害の元凶のようにいわれた日本が、けっこう立派になっているじゃないか」と皆さんは思うかもしれな

▲東日本大震災の津波に耐えて生き残った、土地本来の木（タブノキ）

い。しかし、このまま「まだ足りない」と思って進めば、いったい何があるのでしょうか。私たちがより豊かな生活をしようと科学・技術を発展させ、善意で新しいものをつくり、新しい生き方をしようと情報技術を発展させ、海の底まで、山の上まで、南極・北極もふくめて、空間的には地上のほとんどすべての地域を〝死んだ材料〟だけで切り開き、掘り起こしていったら？　食品添加物などの新しい化合物をつくって、腐らない、虫の一切食わない食べ物をつくったり、今まで畑や水田でしかできなかったすべての作物が、ソーラーシステムその他の技術で工場でできるようになったら？

　現在の日本をはじめ世界各地に見られる自然の、地域から地球規模につながるエコシステムの許容限度を超えたような人間活動に対する「自然の揺り戻し」ともいわれる各種の自然災害や、それにともなう地域住民のいのちを奪うようなさまざまな現象には、個別の対応だけではだめで、トータルとして対応しなければいけないのです。

　もっとも大事な、かけがえのないものは、生命《いのち》です。今、私たちの住んでいる個々の各地から、地球規模でも、毎日のようにさまざまな自然災害が起こっています。また人間の英知を結集したどんな技術も、必ずリスクをともないます。自動車産業は非常に発達しているけれども、交通事故の死者を一人もなくすることは、ほとんど不可能なのです。多少の犠牲はあってもいいという考え方もあるかもしれません。しかし、その多少の中にあなたが入ったらどうしますか？　みんなが健全に生き延びていかなくてはいけないのです。私たちは、もう一度過去をふり返り、そしてトータルとして、まちがいのない未来のために積極的に対応しなければなりません。

確実な未来のために

　生物としてもっとも大事なことは、いのちを守ることです。あなたの、あなたの家族の、日本人の、人類の遺伝子を未来につなぐことです。その一里塚として今を生かされているわれわれが、限られた地域で、日本で、地球で生き延びるためには、今後もいろいろと新しい産業計画、都市計画、自然の利用計画、また生物的生産性を高めるなど、さまざまな、部分的には本当にすばらしい研究、そして成果があります。

人類は倍々ゲームで、今や地上の人口は七十二億人を突破しています。このままいけば、どうなるでしょうか。私たちの日々の日常生活にたいしては、本当に日進月歩です。このような個々の願望、欲望、課題だけを追っていったら、トータルとしては、時間と空間の両面から一つのゆるやかなクローズドシステムを形成している私たち人間の家庭も社会も、地域も、日本も、アジアも、そして世界の未来は、いったいどうなるでしょうか?

今後は、これまでのような個別的な公害の問題よりも、むしろより深刻で、より対応の困難な、ローカルからグローバルの問題が起きてくるでしょう。これは、下手をすれば大量死をともないます。地震、火事、津波、竜巻、台風、ハリケーン、洪水など、枚挙に暇がありません。

また、増え続ける世界人口に対応するために、バイオテクノロジーによる遺伝子・DNAの組み換え技術や、品種改良などで、ある一つの作物がなくなったり、あるいは善意で行ったさまざまな食品などへの添加物や補助剤などが、生物濃縮や蓄積などによって、数世代先にはいったいどのような子供が生まれてくるでしょうか。

命取りになるような、今まで想像もできなかったような、より耐性の強い病原菌が出てきて、あっという間にだめになる危険性もあります。また、今までは個別的に起きていた地震や津波、台風、洪水が、地球規模で広域に、同時に起こる可能性もある。つまり、今の科学・技術の発展によって、生産や生活の規模をそのまま拡大すれば――その日のことだけ考えて遮二無二進めた場合、トータルとしてどのような人類の悲劇を、人間も含めた生態系破綻の悲劇をもたらすかわかりません。

ですから、何が起きても破綻しない、より確実に今日と明日を生きのび、健全な発展を期するために、過去をふまえて、どこでも誰でもできることを、前向きに進めていくべきではないでしょうか?

そのために、ぜひ四十年前に私がこれだけのことを考えてきたことを、本書で読みとってほしいのです。

(構成・編集部)

人類最後の日
生き延びるために、自然の再生を
宮脇 昭
四六上製 二七二頁 予二二〇〇円

古代を総合的に捉える！　泰斗による、必携の「古代学」入門。

「古代学」とは何か

上田正昭

折口信夫の「古代学」

「古代学」とは、文書・記録や木簡・金石文をはじめとして、考古学・民俗学など、歴史学に隣接した諸科学を総合して古代を研究する学問であるといってよい。

日本において「古代学」という用語を、いつごろ、だれが使用したのか。日本古代史・考古学・民俗学に造詣の深かった喜田貞吉博士は、明治四十二年（一九〇九）に『東亜の光』という雑誌に「考古学と古代史」という論文を発表した。ところが還暦を記念してまとめられた『六十年之回顧』では「考古学と古代学」とされている。しかし原題は「考古学と古代史」であり、「古代学」の内容について喜田博士はなんら言及されてはいない。したがって古代学という問題の提起がなされていたわけではない。

古代学についてかなり明確な用語を使い、おのれの学問を特徴づけたのは、柳田國男の高弟であり、すぐれた国文学者・民俗学者であって、作家であり歌人でもあった折口信夫（釋迢空）博士であった。折口は、昭和三年（一九二八）に『氷川学報』（第十五号）に「上代文化研究法」を発表して「古代学」の用語を使い、昭和四年から昭和五年にかけての大著『古代研究』（国文学篇、民俗学篇第一冊・第二冊、大岡山書店）を出版した。折口における「古代」とは、時代区分としての古代ではなく、中世や近世においてもうけつがれてゆく古代的精神であって、昭和十四年の「訓話の新意義」あるいは昭和十七年の「日本文学の発生序説」などにも古代学が用いられた。折口における「古代学」は国文学と民俗学の古代的要素の究明にその目的があったといえよう。考古学者のなかでは、後に京都大学教授となった小林

▲上田正昭（1927-　）

行雄が「古代学」に言及して、文献史学と考古学の併用を主張し、森浩一同志社大学名誉教授は文献ばかりでなく、民間伝承をも視野におさめた古代学をめざした。

角田文衛と「日本古代学」

昭和二十六年の十月一日に古代学協会を設立した角田文衛博士は、たんなる考古学者でもなければ歴史学者でもなかった。奈良時代や平安時代の研究にとりくみ、たとえば『律令国家の展開』(塙書房)や『紫式部とその時代』(角川書店)、早くから国分寺の研究にとりくみ『新修国分寺の研究』(吉川弘文館)などの名著のほか、イタリアのポンペイやイラクの発掘調査など、まさに古代学の立場からの研究を幅広く展開した。

そして昭和二十九年には『古代学序説』(山川出版社)、さらに平成十七年(二〇〇五)には『古代学の展開』(山川出版社)を出版した。角田は遺物・遺構・遺跡にもとづいて人類の過去を研究する考古学や、文献史料によって歴史を探究する歴史学には、それぞれに限界があって、「古代史の研究が、これをあらゆる史料に基づいて総合的に進める『古代学』によってのみ可能である」とし、「古代研究の新しい本質学として古代学を提唱」した。そしてその「古代研究の正当なる立場」と「その体系化」をめざしたのである。

「古代学者は、古代史を究明し、再構成する為に、古代遺物学(考古学)や古代文献学を十二分に利用されねばならないし、また伝承学や創造史料学に対しても同様である。更に古代学者は、一つの史料を遺物学や伝承学の両方面から研究するといった諸方法の併用も要請されるであろう。かかる方法によってのみ、古代史の研究は可能とされるであろう」と述べた(『古代学序説』)。

早くから古代学の必要性を痛感していた私が、『大王の世紀』(小学館)や『私の日本古代史』上下(新潮選書)のほか、古代学の視角から『日本神話』(岩波新書)、『日本の神話を考える』(小学館)、あるいは東アジアの視点から『帰化人』(中公新書)、『倭国の世界』(講談社現代新書)、『渡来の古代史』(角川選書)、さらに古代の伝承や古代の芸能を究明して『古代伝承史の研究』(塙書房)などを公にしてきたのも、これからの日本古代史は日本古代学でなければならないと考えてきたからである。

(構成・編集部)

(うえだ・まさあき/京都大学名誉教授)

人類最後の聖地、海をめぐって、両詩人の魂が響きあった！

ふたりの〝知の巨人〟の対話

高　銀
石牟礼道子

海をめぐって

高　海というのは、共通のテーマですね。個人的に好きな詩人にフランスのポール・ヴァレリーがいます。この人も海のことをたくさん詠っておりまして、お墓も海を眺められるところに作ってあります。ヴァレリーも同じ血族のような気がします。

黒潮というのは、巨大な海の森です。そういう黒潮の中には、数多くの、数え切れないほどのいろんな生命体が存在していて、その生命体を乗せて黒潮は流れていきますが、その生命たちのお祭りのようなものを感じる時があります。そういうものを通して人間の情熱を感じたり、海の流れを感じることがよくあります。

すべてこの世の中のものは、陰と陽がある時にこそ、新しい生命体が生まれてきます。天と地があってこそ、新しい生命が創造されます。

石牟礼　一言残らず共感いたします。地球上どこでもそうですが、この熊本も、日本列島も近代化されてしまいました。けれども、海だけは、いまだ原初そのものです。水俣の場合は有機水銀に侵されておりますけれども、毎日毎日、満ちたり引いたりしている潮の動き、海の動きというのは、現代に残されたたったひとつの原初、いまも呼吸している原初そのものです。

その中にはすべての生命のはじまる時があって、毎日、生命がはじまっているし、毎日、生命がそこへ帰っていくし、それから常に、私たちに新しい生命の力をもたらすという意味で、まだ原初は、この地球上で、ここで呼吸しているではないか、と私は常に思っておりまして、そのことを書きたい。いま、高銀先生がおっしゃったことは、一言も余さずすべて共感できます。

高　海は命のはじまりであり、また終わりでもあるというのは、一言も異議を挟む必要のないお話です。私たちの真実も、まさにその中にあります。

私の傲慢さでも、謙虚さでもなく、先生といいましょうか、師匠といいましょうか、何かを教えてもらえる存在を、私はいまだ持っていません。しかし、唯一、そういう存在があるとすれば、夕方の落照《らくしょう》で、海の落照から私は生まれてきて、その落照が私を育ててくれたと思っています。その落照も海が作ってくれたものです。

▲左・石牟礼道子（1927-　）右・高銀（1933-　）
2005年5月、石牟礼道子の仕事場にて

現代人が喪失した言葉と感覚

石牟礼　私は渚で育ちましたから、水俣に帰りますと、よく渚に行きます。そうすると、生命は海から来た、ということをありありと実感します。渚には潮を吸って生きている植物が生えています。根を潮の中に入れて、潮を吸って生きている木や草がいっぱいあって、そして潮が引いて、干潟が出てくると、無数の生命たちが呼吸をして、にぎわっている。そういう渚の気配がいたします。そこへ立つと、生命はもっと復活しなければいけないと、いつも思います。都市化した人間たちは、それを感得できなくなっている。現代人は退化しています。

ですから高銀先生のような方が現れて、土のこととか、稲の苗のことを詠われるのをうれしく思います。秋夕《チュソク》〔旧暦八月一五日の祝祭日〕という言葉が出てきますが、「統一が、秋夕《チュソク》のようにくるのなら、どんなにいいだろう」という詩〔「金剛山講」『祖国の星』所収〕の一節がございます。統一が収穫のようになされるといいな、というのは、とてもいいお言葉ですね。

高　ごちゃごちゃといろんなことがあっての統一ではなく、自然のなりゆきで、収穫のように。

石牟礼　はい。とても感動いたしました。こういう言葉というか感覚を日本の知識人は忘れています。

（構成・編集部）

（コ・ウン／詩人）

（いしむれ・みちこ／詩人・作家）

詩魂

高銀　石牟礼道子

四六変上製　一六〇頁　一六〇〇円

ツェラン、ロルカ、立原道造、原民喜……近現代の暗い時空に抗った詩獣たちの光跡

闇より黒い光のうたを

河津聖恵

「詩への思い」をどう捉えるか

二〇一〇年秋から二〇一四年夏までの約四年間は、私にとって、本書に収めた詩人論を書くために存在したと言っても過言ではない。連載の間ずっと、「詩獣」の遥かなる呼び声を日々どこかで聴き続けていた。心というより身体が応答していた。歴史が苦手な自分が、今と過去を往還しながら感じ考えることを、おのずと促されていった。だが「詩獣」の全体像を描き出すのは容易ではなかった。

詩人論とは、詩への思いを抱えて生きた、一人の人間の生涯と真実を描き出すものだ。そこで中心となるべきなのは「生涯」より、むしろ「詩への思い」の方である。あえて言えば詩人論とは、「詩への思い」という、現実には見えにくく歴史化されない無償の情熱が主人公となる物語なのだ。連載を重ねるうち私は、それが未知のジャンルであることを実感した。一人の詩人の全体像は、事実をいくら繋げても見えてこない。何よりもまず「詩への思い」を捉えることが必要なのだ。だがそのためには執筆者自身が「詩とは何か」について、自分なりの思考を準備しておかなくてはならない。そういう意味で詩人論は複層的であり、あらかじめ執筆者自身を巻き込んでいるのだ。そこに難しさがあるのだが、一方で喜びも存在する。それは他者を知ることで自分を知り、自分の中からふたたび他者を知る、という発見に満ちているからだ。

敗北の生の先にある光

「詩獣たち」。やや奇異と感じながらもタイトルは一瞬で決まった。それ以外考えられなかった。詩人論を書きたい、だが書きたいのは「詩人」ではない、「詩獣」なのだ――直感に突き動かされ、タイトル任せに書き出していた。連載第一回（本書プロローグ）では手探りながらも、「詩獣」の輪郭を描いてみた。「すぐれた詩人とは、恐らく詩獣ともいうべき存在だろう。危機を感知し、乗り越えるため

に根源的な共鳴《うた》の次元で他者を求め、新たな共同性の匂いを嗅ぎ分ける獣。言い換えれば詩人とは、そのような獣性を顕現させ、人間の自由の可能性を身を挺し示す者である」。あるいはまた、「詩には、人知れず被った暴力によって傷ついた者たちの呻きがひそむ。私たちが聞き届けようと身を乗り出す時、闇から光へ、あるいは闇からさらに深い闇へと身をよじる獣たちがいる。かれらは私たちに応え、私たちを呼ぶ。傷を負ったまま天を見上げ、声なき声で蘇った鋭い痛みに呻き、うたおうと身じろぐのだ。そこに一瞬輝くのは、この世で唯一天を見上げる獣である人間の原形としての、痛々しい輪郭である」。そして連載を終えた今、これらの輪郭にこう肉付けしてみたい。「詩獣」とは、詩への思いが現実以上の現実としてある者であり、かれらにとってはどんな悲惨な外部も、結局は詩という至上の内部に昇華されていくのだ、と。

「詩獣たち」。かれらはこの世の現実に対し、そもそも生の始まりで敗北している。詩が本質的にこの世の言語秩序にあらがってうたおうとするものであるかぎり、敗北は必然である。だが眼を凝らせばその敗北の生には、現実を超えたもう一つの生の光がまつわっている。光はまるで勝利への祝福のように、かれらに絶対的なかがやきとそれゆえの陰翳を与えている。

一人の詩人の生は言わば無限の宇宙だ。そこには永遠に不可知な深淵が存在する。私が覗き見ることが出来たのは、そのごく一部である。だが見えてきた事実を「詩獣」というテーマに照らして繋いでいくと、小さな星座が生まれてきた。それは、敗北を勝利へと反転させようと身をよじり続ける痛みの星座、「詩獣座」である。そこにはいまだ死の闇が立ち込め、星々は今も迫りくる危機のため身をふるわせている。だが耳を澄ませば、死の闇より黒い光のうたが、たしかに聞こえて来る。

（構成・編集部）

（かわづ・きよえ／詩人）

▲河津聖恵（1961-　）

リレー連載　近代日本を作った100人　10

北村透谷——近代日本の精神的革命者

平岡敏夫

折れたまゝ咲いて見せたる百合の花

明治二十四（一八九一）年の筆跡も残っている透谷自作の句であるが、透谷の生涯を象徴するような一句である。「折れたまゝ」で、まず自由民権運動から離脱した透谷の〈挫折〉が思い浮かぶ。明治十六年、東京専門学校（早大の前身）政治科に入学、トラベラーとあだ名がつくほど放浪していた。色川大吉氏の研究によれば、三多摩民権運動のリーダー石坂昌孝をはじめとする各アジトを回っていたらしい。明治十八（一八八五）年秋、民権運動を離脱、旧自由党左派大井憲太郎らの非常手段をともなう行動（のちに大阪事件と呼ばれる）への参加を求められ、頭を剃って漂泊の旅に出るからと盟友大矢正夫に行をともにしないと告げた。

それまで抱いてきた政治的アンビションの崩壊により自殺を思うほどの苦悩に陥ったが、東京専門学校英語科に再入学した。挫折の心を抱いたまま、花咲く道を模索しはじめたようである。

父の非職——佐幕派子弟の道

東京専門学校再入学の翌年、明治十九年（一八八六）一月、父快蔵は大蔵省を非職となった。非職というのは明治十七（一八八四）年の官吏非職条令によるもので、官職のうち、官はそのままで職を取りあげ、給料を三分の一とし、三年後には免官ともなるものだ。太政官制度から内閣制度に切りかえる一大行政改革を明治十八（一八八五）年に実施するにあたり、老朽無能官吏の首切りを行なった。

戊辰戦争（一八六八年）で敗者、賊軍となった佐幕派が標的となったが、佐幕派の小田原藩出身の北村快蔵は大蔵省四等属月給四十円が十三円余となり、透谷は再入学した東京専門学校の退学を余儀なくされたのである。これまた大きな挫折だが、透谷だけでなく、国木田独歩、二葉亭四迷、樋口一葉、幸田露伴、夏目漱石ら佐幕派子弟は同様の運命の中で、折れたまま咲く百合の花、すなわち明治文学担い手の道を歩んだのである。

恋愛と入信——文学活動へ

東京専門学校中退後の透谷は、横浜で商業に従事、輸入関係で大失敗という挫折の中で、石坂昌孝の長女石坂美那子と再会、熱烈な恋愛の過程を通じて入信に至った。「厭世詩家と女性」（明治二十五）で吐露しているような想世界の詩人としての自立に達し、神と恋愛を支えとして、詩作と政治・文学の批判に向かう。

「楚囚之詩」（明治二十二）で国事犯の孤独と愛をうたい、「蓬莱曲」（明治二十四）で前人未踏の劇詩を創り出したが、その前後の『女学雑誌』投稿諸論文、さらには『文学界』（明治二十六創刊）等の寄稿論文、三篇の小説等、短い文壇活動ながら「光った形見」（藤村）を残した。

▲北村透谷（1868–1894）
小田原出身。1881年に上京。自由民権運動、とくに三多摩地方の自由党の運動に接し政治家を志す。大阪事件の計画にも参加したが、運動のあり方に疑問を感じ小説家を志す。石坂美那子と88年に結婚。翌年長詩「楚囚之詩」を発表。91年劇詩「蓬莱曲」で詩人として新たに出発。93年島崎藤村らと雑誌『文学界』を創刊。〈想世界〉〈内部生命〉を武器として現実を鋭く批判する。明治女学校の教壇に立ち、また雑誌『平和』の編集に従事。93年健康を損ね、94年縊死。

自由は人間天賦の霊性

「徳川氏時代の平民的理想」（明治二十五）には「自由は人間天賦の霊性」とする天賦人権論、自由民権思想がある。民権運動の挫折体験後、入信と共に純化再生した透谷の思想は、「我邦《わがくに》の生命を知らんとの切望」から「地底の水脈」の発見に及ぶ。紅葉・露伴に対する批判もこの発見があったからだし、山路愛山との人生相渉論争、「人生に相渉るとは何の謂《いい》ぞ」（明治二十六）における空《くう》の空《くう》なるものの主張も可能となった。文学史試論「明治文学管見」（明治二十六）には「漫罵」（同）の「革命にあらず、移動なり」の革命的精神が生きている。

〈秘宮〉と〈生命〉

「各人心宮内の秘宮」と「内部生命論」（明治二十六）こそは近代日本の精神的革命者としての透谷の中核である。「心に宮《みや》あり、宮の奥に他の秘宮あり」と、村上春樹が京大で語った地下一階・二階の比喩とを重ねてみたことがあるが、宇宙の精神からのインスピレーションにより再造される内部生命が、近代日本を撃つ透谷文学の根源であることは動かない。

（ひらおか・としお／日本近代文学）

Le Monde

■連載・『ル・モンド』紙から世界を読む　142

社会ツーリズム？

加藤晴久

われわれの国では未知だった物や事、観念については、それらを指す語は存在しなかった。汽車、自動車、社会、会社、自由、民主、人権、いずれも文明開化の時代、舶来語を翻訳してつくった語である。寄付行為などという半可通な訳語もあり、最近まで使われていた。

『ル・モンド』（一一月一五日付など）で le tourisme social という表現を見て、なにそれ、と思った。そのまま置き換えれば「社会（的）ツーリズム（観光）」だけど。

ドイツのライプツィヒ市に居住している三五歳のルーマニア人女性が生活保護の受給を拒否された。ＥＵ市民が他国に居住する場合、職に就いているか、そうでない場合は積極的に求職活動をしているという条件を満たさなければならない。この女性は求職活動をしていなかった。職業安定所の斡旋も受け入れなかった。したがってドイツに居住することはできない。したがって社会福祉も受けられない。ＥＵ司法裁判所は、一一月一二日、ライプツィヒ社会保障裁判所のこの決定を是認する判決を下した。

欧州連合市民は域内どこの国にも移動・居住する自由を保障されている。それを利用してドイツ、イギリス、スウェーデンなど福祉制度が充実している国にやってきて生活保護を受けるルーマニアやブルガリアからの域内移民（これが「社会ツーリズム」と呼ばれている現象！）を槍玉にあげてきた反移民・反ＥＵの極右政党や国内の反ＥＵ勢力に迎合するイギリスのキャメロン首相などは、司法裁判所の判決を歓迎した。かつて、高度成長を謳歌した時期には英国もポーランド労働者を歓迎したが、停滞期に入ってからはイギリス独立党（ＵＫＩＰ）などがＥＵ脱退を叫んで首相を悩ませている。

ところが『ル・モンド』によると、この判決は、加盟国はそれぞれ社会ツーリズムを阻止する法的手段をもっていることを強調することによって、移動・居住の自由というＥＵの基本的原理のひとつを改めて確認しているのである、という。

ジグザグは避けられないがＥＵ統合は進展しつつある、と信じたい。

（かとう・はるひさ／東京大学名誉教授）

リレー連載　今、世界は　10

日本の世界史教科書の問題点

岡田英弘（歴史家）
宮脇淳子（東洋史家）

日本の世界史は、戦後の学制改革で、戦前の西洋史と東洋史が合体してできたものである。戦前の西洋史の起源は、創設されたばかりの帝国大学に招聘されたドイツの歴史学者ランケの弟子のリースが、自分が開設した文科大学史学科で教えた歴史学である。

文科大学にはこのあと国史科と漢史科が設置され、やがて史学科が西洋史に、漢史科が支那史から東洋史に改称された。

日本の歴史学になぜこのような三区分が必要だったかというと、日本文明、ヨーロッパ文明、シナ文明の三つが、それぞれまったく異なる歴史文化を持っていたからである。その根本的な差異に引きずられて、本来ならば一元的な世界観に立つべき歴史学が、分野ごとに違ってしまった。

紀元前五世紀にヘーロドトスが創りだした地中海文明の歴史観によっても、紀元前二世紀に司馬遷が創りだしたシナ型の歴史観によっても、現実の世界史が割り切れないことは当たり前である。

問題は、リースの史学科から分かれた西洋史と東洋史が、どちらも実際にはシナの正史の枠組みに強く影響されていることである。

日本の西洋史概説が、ギリシアから始まって、フランス、ドイツ、英国という、明治維新当時の世界の三大強国に終わる歴史の流れを主軸にして叙述するのは、『史記』以来のシナ史の正統の観念を当てはめてヨーロッパ史を理解しやすくしようとしたものだった。つまり、天命は近東からギリシア、ローマ、ゲルマンを経て英・独・仏に伝わったと考えている証拠で、だからロシア帝国もオランダもスペインもポルトガルもトルコ帝国も、アメリカですら西洋史に入らない。

独自の正統思想でできあがっている西洋史と東洋史を材料にして新たに世界史を組み立てようというのは、無理な注文だった。結局、本来東西それぞれ縦の脈絡がついていたものを絶対年代で輪切りにして一つおきに積み重ねているから、話の筋が通らないのである。

（おかだ・ひでひろ／みやわき・じゅんこ）

連載　女性雑誌を読む　81

未完の才能　安成くら

——『女の世界』35

尾形明子

安成くら

『女の世界』一九一六(大正五)年一一月号巻頭に、まだ少女の面影が残る安成くらの写真が載る。小説「おふさ」の作者としてのデビューだった。

生まれて間もない子どもと母親、郷里から雇った女中おふさとの日常生活を描いた短編だが、習作の域を出ない。が、同じ号に「実業之世界社社長代理　金子幸吉氏逝く」の記事が写真とともに出ている。青森県八戸出身の金子は、苦学して朝鮮京城の専門学校を卒業、さまざまな職を経て実業之世界社に入社。一九一五年に二十一歳の安成くらと結婚、一六年二月には娘の幸子が誕生する。

五月、社長の野依秀一が刑務所に収監されるに際して社長代理に任命され、その四カ月後に二十九歳で急逝した。誰もが言葉なく見送ったという。「おふさ」は金子との日々の記念ともいうべき作品である。

くらはその後『女の世界』の編集を手伝い生計を立てるが、夫に急死された妻の悲哀と絶望を「悩みに培ひて」(三巻一〇号)「旅に行く」(四巻四号)等に切々と描く。兄の安成貞雄、二郎らに守られながらも、父親の面影すら知らない娘を抱きしめて涙するくらにとって、書くことはそのまま生きることだったのかも知れない。

六巻五号の「求職」の主人公三千代は、成女女学校を卒業して間もない頃のくら自身を思わせる。婦人秘書募集の新聞広告を見た三千代は、雪の中を面接に向かう。会場には、すでに何人もの女性が順番を待っていた。当時の求職の状況、女学校出の女性たちの様子がリアルに描かれているが、末尾に「4・1」とある。大正四年四月、結婚以前に書かれている。描写力もあり、視点も面白いが、その才能を開花させるには、あまりにあわただしい結婚後の日々だったようだ。

くらはその後、一九二一(大正十)年、宮田脩夫妻の世話で工学士と結婚する。が、関東大震災に夫を失い、一九二五(大正十四)年、画家窪田栄と結婚し、二男二女を得る。一九四五年に夫と死別、くらは一九八四(昭和五十九)年九十歳の生を全うした。一九二二年に短編小説集『花の鍵』(下出書店)刊行、と年譜(伊多波英夫作成)に記されている。

(おがた・あきこ/近代日本文学研究家)

連載 ちょっとひと休み 22

朗読ミュージカルの生い立ち（3）

山崎陽子

朗読ミュージカルは、もともと声楽家のリサイタルのために書いたもので、どんな小さな空間でも演じられるたった一人の舞台だが、『動物たちのおしゃべり』は初めての例外だった。

立教女学院短大で、児童文学の講師をしていた時に出会った作曲家の中邑由美さんが、私が教材として持っていた絵本『動物たちのおしゃべり』に目をとめた。この絵本は小学館の依頼で、チェコの童画家ミルコ・ハナアクの絵に詩をつけたものだったが、中邑さんは一つ一つの詩に大笑いしたかと思うと、「この詩、うちのオヤジさんに朗読させてくれませんか？　オヤジさんは歌えませんけど、私、作曲してもいいですか」と。よもや〝うちのオヤジさん〟が名脇役の小栗一也さんとは思いもよらぬことでびっくりしたが、中邑さんは、早速いくつかの詩を作曲なさった。

『動物たちのおしゃべり』は、すでに十人近くの作曲家によって作曲されていたが、中邑さんのユーモラスで斬新な曲も仲間入りした。一冊の本に様々な人が作曲することに、JASRACから問い合わせがあったが、〝〇〇の作曲による〟『動物たちのおしゃべり』とサブタイトルを付けることで解決した。

小栗さんには、BGMにのせて朗読して頂き、歌唱の方は朗読ミュージカルの達人、森田克子さんが担当することになった。飄々とした名優の語りを彩る、軽やかで美しい森田さんの歌声は、絶妙なハーモニーをかもしだし好評を博した。

この成功に、次は小栗さんのために、善造どんという鉄砲打ちの名人と子狸の話『善造どんと狸汁』を書いた。大野惠美さんの子狸で初演。小栗さんはたいそう喜ばれたが、残念なことに間もなく他界され、その後は、春日宏美さんと真園ありすさん、青砥洋さんと真園ありすさんのコンビにより再演され、いずれも好評だったが、現在は、上原まりさん、松島トモ子さんが、朗読ミュージカルとして全てを一人で演じたのが好評で、今ではこの形が定着している。

（次号に続く）

（やまざき・ようこ／童話作家）

■〈連載〉生命の不思議　10

生きていることの目的

生物物理学　大沢文夫

前回の話をまとめると、

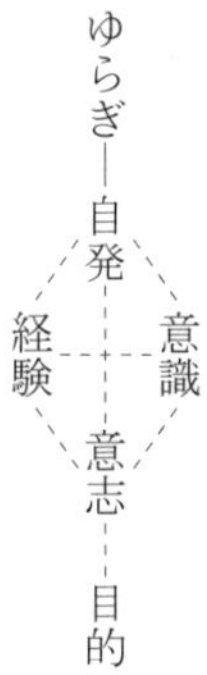

とかけるかもしれない。しかし全体はもっとふっくらとしたもので、その全体が心（ココロ）といえると思う。あらゆる生きものは右のようなシステム、すなわち心をもつ。

「ゾウリムシでも心をもっていますからね」と高山辰雄画伯がテレビでいわれた。そういわれたきっかけを私は知らない。忘れられないひとことである。自宅の庭の石の上や土の上を休みなくあちこちせっせと歩いているアリたちを一日中あきずにながめている画かきさんがいる。きっとアリ一匹一匹の心の中を想ってのことであろう。何か心の中に浮んでくるのであろう。

生きもののいない世界では、その心の中は？とか、その目的は？とか、きくことはできない。はるか昔、どこかで小さい小さい、しかし熱い熱い光の玉が生まれたという。それは事実であるといわれるが、それはどうして、なぜ？と、きくことはできない。太陽が生まれ、地球が生まれ、水がいっぱいできた。その目的は、という問い方はできない。

生きものの場合は、なぜそこにそういう生きものが生まれたか、その目的は、ときいてもいいように思える。何のためにヒトは生まれたか。そして各ひとりひとりは何のために。それは心の存在にかかわる。あなたの生きている目的は何ですか。

ヒトはみな良く生き、永く生きたいと思う。その生きているとき、何をしたいですか。どういう目標をもち、目的をもって。すべての生きものは、心の中にこういう問いをかかえているだろうか。

ヒトの場合でも、母親の胎内に生まれて、いつ心をもつようになるのか。体内の子と常に何か伝え合っている母には、子が心をもつのを感じとれるのではないか。そのとき母と子は、ともに目的をもち始める。

このような生きることの目的については、本来「哲学」が考えるべきではないだろうか。哲学はそのもっとも重要な課題をおき忘れてきた。

（おおさわ・ふみお／名古屋大学・大阪大学名誉教授）

十二月新刊

親鸞の思想から考える「満洲国」

旧満洲の真実

親鸞の視座から歴史を捉え直す

張鑫鳳（チャン・シンフォン）

美しき故郷、長春は、日本人が築いた満洲国の都、新京である。医師であった父、満映に勤めた母の若き日々は、「満洲国」の盛衰とともにあった。奪った日本人も、奪われた中国人も、歴史の傷は深く苦しく、歴史の悲劇は避けることはできない。だからこそ、悪人の苦悩にも寄り添う親鸞の視座から、旧満洲の真実が見えてくる。

四六上製　二四八頁　二二〇〇円

戦後歌謡界を代表する作曲家の素顔

不滅の遠藤実

橋本五郎・いではく・長田暁二 編

「高校三年生」「星影のワルツ」「くちなしの花」「せんせい」「北国の春」など、生涯に五千曲以上を作曲し、戦後日本を代表する歌手を育てた遠藤実。歌謡界初の文化功労者に選出され、没後には国民栄誉賞を受賞するなど、ますます評価が高まる遠藤実の全貌を、生涯、人間像、歌謡界における業績、そして多くの関係者の証言から描く。

口絵一頁

◎七回忌記念　愛蔵決定版

A5上製　三一二頁　二八〇〇円

あなたの愛する人へ!!

動物たちのおしゃべり

山崎陽子　絵／ミルコ・ハナアク

ねずみに恋してしまったねこのお嬢さん、泣きたいけれど「わしは王さまなんじゃから……」と我慢するライオン――耳をすませば聞こえてくる、動物たちのおしゃべり。世代をこえて、大人にも愛されたロングセラー、ついに復刊。

オールカラー

B5変上製　六〇頁　一六〇〇円

身体史の集大成の書、名著『身体の歴史』入門

身体はどう変わってきたか

16世紀から現代まで

A・コルバン

小倉孝誠／鷲見洋一／岑村傑

図版多数

医学が身体の構造と病をどう捉えてきたか、身体とセクシュアリティー、絵画・彫刻・演劇・ダンスなどアートによって表現される身体、矯正や美容整形、身体作法やスポーツなど鍛えられ訓練される身体――身体の変容を総合的に捉える初の試み。

四六上製　三二〇頁　二六〇〇円

読者の声

動物たちのおしゃべり■

▼待ちに待ったハナアクの絵本が届きました。ありがとうございました。

世界の絵本作家の中でも、私の中ではトップクラスに入る方です。感謝です。また、山崎陽子さんの詩にも感動！　演劇の方らしく、朗読にピッタリ！です。ほんとにすてき、嬉しくなります……。

（山口　**三宅阿子**　73歳）

不滅の遠藤実■

▼十二月六日新潟で行なわれた遠藤先生の七回忌にて本をいただきました。近くに先生の記念館、実唱館があります。当日の千昌夫の唱も最高でした。不滅の遠藤メロディーの本をまた出して下さい。自称「実唱館熱烈サポーター」として応援しつづけますから……。

（新潟　調理師　**渡辺平生**　58歳）

▼『日本経済新聞』の「私の履歴書」を涙を流しながら読んだ時の事を、もう一度この本を読みながらまた涙を流しました。苦労の話は毎回ありますが、遠藤実さんの文章はほんとうに泣かせましたね。今連載の萩本欽一さんも本にしてほしいですね。

（東京　会社員　**西潟昌平**　73歳）

一塵四記■

▼壮絶にして勁烈な生き方は、著者の思いをこめた昭和史になっている。母と姉への敬慕を含む複雑にして忘れ難き思い出は心を打つ。娘への愛情もまた深い。されど現実を忘れず世相への警鐘を鳴らしつつ、人を見る目の暖かさに涙が滲む。

（埼玉　元図書館長　**若園義彦**　67歳）

汝の食物を医薬とせよ■

▼小生も安全な食物作りで、米のアイガモ農法や野菜の無農薬栽培に取り組み、消費者との交流をしております。井手さんと共通する面が多く勇気を貰いました。

（山口　農業　**金田仁司**　81歳）

粕谷一希随想集Ⅰ・Ⅱ／書物への愛■

▼該博な知識と深い洞察力に改めて感銘。和辻哲郎、九鬼周造の生涯、人間関係、各々の哲学の根源を明解に示している。また、今後知り得ぬ貴重な歴史的挿話、例えば、三木清投獄の事由、白川静の高橋和巳評、竹内好の中国対応姿勢等が教示され、有難く、面白し。

（東京　会社役員　**岩松良彦**　78歳）

粕谷一希随想集（全三巻）■

▼中村良夫、陣内秀信、藤森照信、鈴木博之、芳賀徹、塩野七生……書籍がどの様にして生まれてくるのか！　再読したいと思います。これからは、建築・都市計画分野においては、作品WORKSよりOUTPUTが問われるのでしょう。

（滋賀　建築家　**内藤正**）

大田堯自撰集成4　ひとなる■

▼『大田堯自撰集成』全4巻の完結を祝します。この著作を読んで真の教育の姿、在り方について、その一端を学ばせていただきました。

記念となる自撰集ではないかと思いました。大田先生の全精神をかたむけての教育理論に感銘を受けるばかりです。

（岩手　**千葉政美**　81歳）

世界精神マルクス■

▼鶴見祐輔が大著『ビスマーク』に書いているように、フェルディナント・ラサールの死の場面はぼくの心を打ちました。労働組合を創設したラサールは、恋愛事の葛藤によって三十九歳の短い生涯を閉じた物語の場面は圧巻でした。

あと一〇年も生きていれば、ラサールは何をしたかわかりません。彼の戦術不足が災いしたのでしょうか。ビスマークの英雄的生涯とラサールの英雄としての早死には、まさに雲海双龍相争うというわけです。

（熊本　**永村幸義**　67歳）

▼十九世紀のヨーロッパ史に興味・関心があります。産業革命の進展、政治革命の変遷の過程で、活動家・ジャーナリスト・理論家として、友人たちの援助を受けながら、家族への愛情と経済的困窮の中で『資本論』を書き上げた人間マルクスに親しみを感じました。

（埼玉　**大野賢治**　64歳）

最後の転落■

▼小生は余りにも早くマルクス主義に漬かりすぎ、この本を知るのは余りにもおそかった。

ユートピア社会主義超えしマルクス主義プロレタリアにユートピアを見し

（群馬　**中野泰**）

ルーズベルトと中立法の責任（下）■

▼ルーズベルトと中立法の関係は、ウィルソンの第一次大戦のモンロー主義とアメリカ欧州参戦の再現だったとわかった。日本がだしにされた。チャールズ・ビーアドはすばらしい人だ。

（兵庫　自営　**春上晃一**　62歳）

戦後思潮■

▼戦後思潮をフカンしつつ、改めて私という読者に、いかに生くべきか、そしていっそう「生の拡充」を訴える思いにかられた。類書？の中では、やはり出色で、故・粕谷氏の情理一体の知の豊富さとやさしさに教えられるところが多かった。

（香川　元文化関係　**西東一夫**　78歳）

※みなさまのご感想・お便りをお待ちしています。お気軽に小社「読者の声」係まで、お送り下さい。掲載の方には粗品を進呈いたします。

書評日誌（一・二三〜二・七）

(書) 書評　(紹) 紹介　(記) 関連記事
(T) 紹介、インタビュー

一・二三　(記)読売新聞「不知火おとめ」（「文化」）／「石牟礼道子さん20歳の直筆原稿」／右田和孝）
(紹)産経新聞「卑弥呼コード龍宮神黙示録」（「真実一路」）／「龍宮神信仰、勾玉や巴紋は卑弥呼が沖縄を訪れた証し！」）
(書)週刊東洋経済「世界精神マルクス」（「BOOKS&TRENDS REVIEW」）／「判断の間違いを踏み台に独自の理論を構築」／奥村宏）
二・六　(書)週刊読書人「全体史の誕生」（「二十歳で書かれた貴重なテクスト」／池上俊一）
二・九　(書)図書新聞「闘争の詩学」（「文学」）／「韓国文学は知性を自己検閲する構造を持てるか」／黄英治）
(書)週刊東洋経済「知識欲の誕生」（「REVIEW」）
二月号　(紹)出版ニュース「『苦海浄土』論」
三・一　(紹)公明新聞「世界の街角から東京を考える」（「読書」）
三・七　(書)日本農業新聞「汝の食物を医薬とせよ」（「モデル農村の革新者描く」／佐藤了）
(書)北海道新聞「知識欲の誕生」（「本の森」／「想像力で発掘する歴史」／小倉孝誠）
(書)産経新聞「甘い漂流」（「読書」／「洗練された自伝的小説の趣」／佐藤アヤ子）
(書)読売新聞「古文書にみる榎本武揚」（「本　よみうり堂」／前田英樹）
三月号　(書)明日の友「葭の渚」（「ちょっと道草」／「聴く人・石牟礼道子」／山根基世）

別冊『環』⑳「なぜ今、移民問題か」刊行記念シンポジウム

なぜ今、移民問題か

十一月二十九日(土)　於・早稲田奉仕園

急激な人口減少に向かう日本社会の未来を考えるうえで、「移民」というテーマにどう向き合うのか。昨年七月刊の別冊『環』⑳「なぜ今、移民問題か」を受け、同書での論点をより深めるシンポジウムが開催された。当日は、人口や労働などの問題ばかりでなく、文化の多様性、町づくりなどの観点からも幅広く〝移民〟〝多文化共生〟が論じられた。

鈴木江理子氏

鈴木江理子氏（国士舘大学准教授）が司会を務め、まず各パネリストから問題提起がなされた。藤巻秀樹氏（北海道教育大学教授、元日本経済新聞編集委員）は「地方の人口減少は都市部での想像を超える。人口減少が移民と強く結びつく」、石原進氏（移民情報機構代表、元毎日新聞論説副委員長）は『移民』は政治でもマスコミでもタブーのトピック。それを打破して、多文化共生の社会を実現する方策を考えたい」、宮島喬氏（お茶の水女子大学名誉教授）は「従来の技能実習制度の『国際貢献』「技術移転」という名目を改め、正面から労働力受け入れを検討する必要がある」と、それぞれコメントした。

藤巻秀樹氏

石原　進氏

ディスカッションでの大きな論点の一つは、宮島氏も言及した「技能実習制度」。この制度が果たしてきた一定の役割は確認されたものの、現実にはこれに労働力を依存する産業もあるにもかかわらず、送り出し国への帰還を前提としたこの制度が、「移民」という位置付けを回避しつつ労働力を得るための、ある種の「インチキ」（藤巻氏）であり「本来は廃止すべき」（鈴木氏）という指摘もあった。

宮島　喬氏

もう一つ提示されたのは、労働力という見方に限定せず、外国にルーツをもつ人々が共生する社会をどう築いていくかという論点だった。外国人排斥的な動きも見られる現状だが、まず外国人と接することで、共通点を知ると共に異質な点から刺激を受け、それが社会の豊かさに繋がるという意見があった。また、海外に出た日本人移民の歴史を知ることが、移民受け入れ側としての共感・想像力にも繋がるというコメントもあった。

五十名程度の会場が満席となったが、フロアからの活発な質問、意見も飛び交い、活気に満ちたシンポジウムとなった。

（編集部）

＊出席予定だった中川正春氏は、やむを得ない事情により欠席されました。

八〇年代から九〇年代の韓国の文学批評をリードした気鋭の論客が来日

金明仁氏を囲んで

十二月六日　於・催合庵

　昨年六月に小社から『闘争の詩学』を刊行した金明仁《キムミョンイン》氏が来日し、一二月六日午後四時から藤原書店にて講演と懇親会を行なった。コメンテーターは映画史家の四方田犬彦氏、青山学院大学教授の佐藤泉氏。コーディネーターは『闘争の詩学』訳者の渡辺直紀氏がつとめた。

　金明仁氏は一九五八年生れ、韓国の批評家で、『黄海文化』編集主幹。ソウル大学在学中から非合法学生運動グループに関与し、一九七九年に大統

金明仁氏

領緊急措置九号違反で、八〇年に反共法および戒厳布告令違反で投獄され、八三年の光復節仮釈放で出所した経験がある。その後、いわゆる「民族文学主体論争」の論客として八〇年代の中盤から後半にかけて韓国の文学論争をリードする一方、九〇年代には韓国近現代文学に関する論文や著書を数多く発表した。

四方田犬彦氏

　今回の講演で金明仁氏は「韓国の旅客船（セウォル号）沈没事故と新しい社会運動への視点」というテーマで、朝鮮戦争から大韓民国建国の過程、あるいは民主化の過程で反政府あるいは政府を批判する勢力を追放し虐殺してきた歴史があったが、そのような支配勢力による国民の生命の軽視と暴力性が今回のセウォル号事件でも現れていると述べた。

　四方田犬彦氏は、『闘争の詩学』に収められた「ふたたび批評を始めて」に注目し、金明仁氏がなぜ一九九二年に一度

佐藤泉氏

渡辺直紀氏

文芸批評を放棄し、再び再開することになったかを、文学と科学の関係性の変化と「時代への負債の意識」をキーワードに、自らの経験に照らしながら分析した。

　佐藤泉氏は「批評の公共性と運動性」と題した『闘争の詩学』の書評を発表しており、韓国において文学が社会変革から遠ざかり、著者が同時代文学への関心を失ったことに触れつつ、「文学と必ずしも呼ばれていない文章のなかに新しい『文学』の感触がある」と、金東春の社会科学分析やアルンダティ・ロイのエッセイを例に挙げ、文学の未来への可能性を語った。（編集部）

二月新刊・重版情報

戦後外交の「生き字引」が初証言

異能の外交官が見た戦後日本外交 1962–1997 上・下

有馬龍夫　竹中治堅編

ハーヴァード大で博士号取得後、学問の道から外交官に転身した異色外交官のオーラルヒストリー。日韓国交正常化、沖縄返還、第一次石油危機、FSX問題、日米構造協議、自衛隊PKO派遣など、東西冷戦終結を挟み国際関係の基軸が激動した二十世紀後半の、日本外交の主要局面の実像を、異能の外交官が初証言。

西欧における日本美術研究の実態に迫る

国境を越えた日本美術史

ポスト・ジャポニスムの美術史家たち

南明日香

十九世紀末から第一次世界大戦の終わりにかけて、仏を中心とした西欧における日本美術の評価は、趣味としてのジャポニスムから、本格的な日本美術・工芸研究へと成熟した。それを担った在野の研究家の一人であるジョルジュ・ド・トレッサンを中心に、西欧における日本美術研究の実態に迫る。

環境対策と経済成長は両立しうるか

グリーン成長は可能か？

環境対策と経済成長の制度・進化経済分析

大熊一寛

地球環境の危機が気候変動などの形で顕在化する一方で、経済成長を求める力はグローバル資本主義の下で一層強まっており、これらの関係がかつて以上に問われている。環境対策と経済成長の関係というテーマに、制度と進化の経済学からアプローチ。

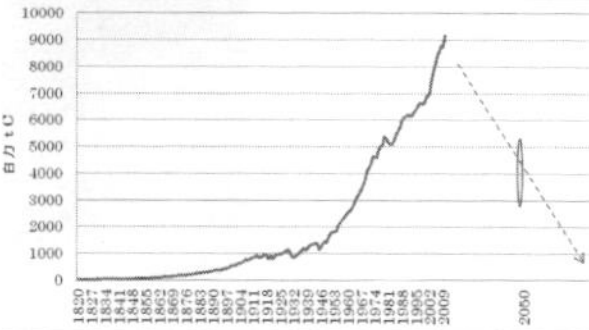

CO_2排出量の推移

最近の重版より

リオリエント〔9刷〕
【アジア時代のグローバル・エコノミー】
A・G・フランク　山下範久訳
A5上製　六四八頁　五八〇〇円

社会学の社会学〔7刷〕
P・ブルデュー　田原音和監訳
A5上製　三七六頁　三八〇〇円

リフレクシヴ・ソシオロジーへの招待〔2刷〕
【ブルデュー、社会学を語る】
P・ブルデュー&L・ヴァカン
水島和則訳
A5上製　四二四頁　四六〇〇円

中世とは何か〔6刷〕
J・ル＝ゴフ　池田健二・菅沼潤訳
四六上製　三二〇頁　三三〇〇円

世界の多様性〔7刷〕
【家族構造と近代性】
E・トッド　荻野文隆訳
A5上製　五六〇頁　四六〇〇円

歴史のなかの江戸時代〔2刷〕
速水融編
四六上製　四三二頁　三六〇〇円

＊タイトルは仮題

1月の新刊

タイトルは仮題、定価は予価。

『環　歴史・環境・文明』60　15・冬号　＊
〈特集「明治」を問い直す〉
芳賀徹＋片山杜秀＋新保祐司／岡田英弘／小倉紀蔵／平川祐弘　ほか
菊大判　三七六頁　三六〇〇円

闇より黒い光のうたを　＊
十五人の詩獣たち
河津聖恵
四六変上製　二四〇頁　二五〇〇円

「古代学」とは何か　＊
展望と課題
上田正昭
四六上製　三三六頁　三三〇〇円

詩　魂　＊
高　銀・石牟礼道子
四六変上製　一六〇頁　一六〇〇円

2月刊予定

見えないものを見る力　＊
「潜在自然植生」の思想と実践
宮脇昭

人類最後の日　＊
生き延びるために、自然の再生を
宮脇昭

好評既刊書

異能の外交官が見た戦後日本外交（上・下）＊
1962-1997
有馬龍夫　竹中治堅編

グリーン成長は可能か？　＊
環境対策と経済成長の制度・進化経済分析
大熊一寛

国境を越えた日本美術史　＊
ポスト・ジャポニスムの美術史家たち
南明日香

旧満洲の真実　＊
親鸞の視座から歴史を捉え直す
張鑫鳳
四六上製　二四八頁　二二〇〇円

身体はどう変わってきたか　＊
16世紀から現代まで
A・コルバン
小倉孝誠／鷲見洋一／岑村傑
四六上製　三二〇頁　二六〇〇円

不滅の遠藤実　＊
橋本五郎・いではく・長田暁二編
A5上製　三二二頁　二八〇〇円　口絵一頁

動物たちのおしゃべり　＊
山崎陽子　絵　ミルコ・ハナアク
B5変上製　六〇頁　一六〇〇円　オールカラー

不知火おとめ
若き日の作品集 1945-1947
石牟礼道子
A5上製　二一六頁　二四〇〇円　口絵四頁

幻　滅
外国人社会学者が見た戦後日本70年
R・ドーア
四六変上製　二七二頁　二八〇〇円

ヨーロッパは中世に誕生したのか？
J・ル゠ゴフ　菅沼潤訳
四六上製　五一二頁　四八〇〇円　カラー口絵一六頁

日韓関係の争点
小倉和夫／小倉紀蔵／小此木政夫／金子秀敏／黒田勝弘／小針進／若宮啓文
小倉紀蔵・小針進編
四六判　三四四頁　跋＝高銀　二八〇〇円

一塵四記
下天の内　第二部
大音寺一雄
四六上製　三二八頁　二八〇〇円

『環　歴史・環境・文明』59　14・秋号
〈特集　江戸・東京を問い直す〉
青山佾＋片山善博＋中村桂子＋岩渕令治／宮脇昭／小沢信男／陣内秀信／中島純　ほか
菊大判　四八〇頁　三六〇〇円

＊の商品は今号に紹介記事を掲載しております。併せてご覧戴ければ幸いです。

書店様へ

▼あけましておめでとうございます。旧年中は格別のご高配を賜りまして誠にありがとうございました。今年もより一層積極的な出版活動を続けて参ります。引き続きのご支援、ご協力よろしくお願いいたします。▼12／11NHK-BSプレミアムで、ハイビジョン特集「ぼくもいくさに征くのだけれど　竹内浩三　戦時下の詩と生」が放送（再放送12／19）され、お問い合わせじわじわ増えています。番組内でも紹介された『日本が見えない　竹内浩三全作品集』を中心に、詩歌だけでなく、ノンフィクション、一般読みものや歴史などのジャンルでも広く大きくご展開くださ い。▼12／23（火）午後8時からNHK総合「歌謡コンサート」で七回忌を迎える遠藤実の特集企画「作曲家・遠藤実の世界」が放送！『不滅の遠藤実』（橋本五郎・いではく・長田暁二編）さらに大きくご展開下さい。▼1／3（土）NHKラジオ第1「いとうせいこうトーキングセッション2015」に石牟礼道子さんが出演。その他、各紙誌パブリシティの予定がございます。（営業部）

映画「花の億土へ」上映情報

「近代とは何か」を現代人に突きつけた名著『苦海浄土』の作者石牟礼道子さんが、来るべき世について語ったラストメッセージ。

ポレポレ東中野

【日時】1月17日（土）～2月7日（土）
【料金】一般一五〇〇円（前売一〇〇〇円）
【住所】東京都中野区東中野四―四―一

1／17（土）舞台挨拶・金大偉（本作監督）
　藤原良雄（本作プロデューサー）
1／24（土）講演・鈴木一策（哲学者）
1／25（日）講演・町田康（作家）
1／28（水）講演・黒田杏子（俳人）
2／6（金）舞台挨拶・金大偉

福岡KBCシネマ

1月22日のみの一日限定上映

出版随想

▼新年明けまして
　おめでとうございます

二〇一五年の年が明けた。暮れからヘルペスに罹り、その後風邪を引き、新年早々体調は最悪。今、十日も過ぎて風邪もヘルペスの嵐も鎮まり、ようやく普通に呼吸が出きるようになってきた（笑）。新聞も溜まりに溜まり、暮れの整理も覚束ず、これから鋭意努力する他なし。何とも情無いご挨拶になってしまった。「めでたい」という言葉は、春になると「芽が出たい」のは自然の節理だから有難く受け取っておくようにと、松陰が妹に手紙で書き送っている（「座経抄」）。自然の力の前では祈るしかない。感謝するのみだ。

▼今年は、創業二五周年の年。四半世紀を経たことになる。この出版業界に身を入れて四二年。瞬く間に、時は経たが、この間、有名無名を問わず、本当に多くの方々に世話になった。しかし、半分近くの方が鬼籍に入られた。悲しいことである。昨年も、粕谷一希さん、中馬清福さん、松本健一さんらが先に逝かれた。本当にお世話になりました。ありがとうございました。合掌。

▼今年も出版を取り巻く経済環境が厳しいのは言うまでもない。日本社会も又然り。デフレからの脱却は、一日も早くそうありたいものだが、経済成長路線は時代錯誤である。わが国が、これ以上の豊かさを望めば、ゼロサムゲームで、貧しくなる国が出てくる。貧困にあえいでいた国々が、今一斉に声を上げてきている。その時に、今われわれは何を為すべきなのかが真剣に一人一人に問われている。この資本主義、否「資本」なるものが、自己成長を遂げてゆく中で、貧困が拡大されてゆくことを、一五〇年前にマルクスは分析した。「資本」なるものの限界を宣言した。マルクスの死後も、百を超える国民国家が現出し、各々が資本を中心とする社会を構築し、旺盛なる経済活動で富を蓄積していった。

▼しかし、二十一世紀になっても資本主義に替わる経済体制は現出せず、格差は世界の中でも一国内でも益々拡大してきている。又、〝テロ事件〟も拡大の様相を呈している。一人一人の人権や生命が大切であるということと、資本主義が拡大してゆくことの矛盾である。今こそ、人間とは何なのか、われわれはどこに向かって歩もうとしているのかを真摯かつ真剣に考えなければならない時がきているのではなかろうか。今年は、そういう年にしたいと切に思う次第である。（亮）